潜在意識を使いこなす人 ムダにする人

自己実現するための51のガイド

井上裕之
Hiroyuki Inoue

フォレスト出版

「人間には、自分でも驚くほど強力な知恵と勇気が隠されている。
それを利用する気になりさえすればよい。
我々は自分の潜在的な力に気づいていないだけである」

デール・カーネギー（『D・カーネギー名言集』ドロシー・カーネギー編／創元社より）

4 行動力が飛躍的に高まる

「ぐずぐずグセが直らない」から
➡「すぐやる、
行動せずにはいられない」自分になれる

5 必要なときに必要な人と強いつながりができる

「いい出会いがない」「人間関係がうまくいかない」から
➡「つながりたい人と出会い、
信頼関係を築ける」に変わる

6 経済的な不安がなくなる

「満足するお金を得たことがない」から
➡「お金が引き寄せられ、
充実した生活」が実現される

7 仕事の“質”と“スピード”が上がる

「なかなか仕事の調子が出ない、結果が出ない……」から
➡「ゾーンに入り究極の集中力を発揮して
仕事の質とスピードが高まる」に変わる

潜在意識を操ると、どうなるの？

1　自己実現が可能になる

「達成は難しそうだ」ということが

➡「**達成までの道筋**」が**明確になる**

2　自分を100%信じられるようになる

「自分に自信がない」「未来に不安がある」という状態から

➡「**自分は必ず成し遂げられる」と確信が持てるようになる**

3　無意識レベルで正しい「選択」ができるようになる！

「いつも選択に迷う」「自分の決断を後悔する」が

➡「**この選択肢以外に正解はない！**」に変わる

はじめに　今から、潜在意識にいいことだけをしよう

本書の内容は、潜在意識を操り、常に正しい「選択」と「行動」ができる自分に変わる方法をご紹介し、自己実現していただくというものです。

一流と呼ばれる医療関係者や経営者などが集まる席でよく話題になるのが、本書のテーマである「潜在意識」についてです。

「あの瞬間には、潜在意識が働いたとしか考えられない」

というような話をする人は多いのです。しかし、このような本物で一流の人々が、世間に向けて潜在意識について語ることはあまりありません。

その大きな理由は、「潜在意識が目に見えない」からです。誰も信じてくれないだろうし、うさんくさい人、非科学的な人だと思われる可能性もあるので、**積極的には話そうとしません。**

だからこそ、**自己実現を成し遂げている人々が、潜在意識の力を信じ、使いこなすスキルを持っている**ということは、残念ながら情報として表に出てきません。

一般的に、意識は「顕在意識」と「潜在意識」とに分けられます。諸説ありますが、その割合は顕在意識4%、潜在意識96%と言われています。

人間の行動の大半は96%の潜在意識にコントロールされており、だからこそ、潜在意識を活用できれば、あなたの人生は劇的に変わるのです。わずか4%の世界で生きるのは、もったいないとしか言わざるを得ません。

私は、ナポレオン・ヒル、ジョセフ・マーフィーという潜在意識に関する世界的権威のプログラムを長年学んできました。今では、日本だけでなく、世界的に高い評価をいただいています。

また、私は大学教授でもあり、本業は歯科医で、科学の技術に基づいた知識や技術を用いて仕事をしています。

日本人で、潜在意識について誰よりも深く学び、そして科学的な視点を持つという点から、「そろそろ潜在意識についてお話ししても、耳を傾けてもらえるのではないか」と考え、執筆することにしました。

私自身、潜在意識の力で、多くの自己実現をしてきました。

潜在意識を操ることができれば、無意識レベルで過去の思考、行動などの**習慣、パターンが改善され、自分を変えることができます。**

正しい思考ができ、その結果、正しい選択と行動ができるようになるのです。

潜在意識はあらゆる問題の答えを知っていますし、あなたに自己実現させたいと強く思っています。

私は、潜在意識とは、**「エネルギー」**であり**「知識の貯蔵庫」**であると考えています。後ほど詳しくお話ししますが、この2つをうまく使いこなす人は人生を制することができるのです。

なぜなら、

・自己実現までの道筋が明確になり、迷いがなくなる

・必要なときに、必要な人と強い関係が結べる

・ゾーンに入り、仕事の質とスピードが上がる

・満足いく収入を得る力が発揮される

からです。

たとえば、「願えば夢が叶う」とよく言われますが、これが「潜在意識がなんとなく怪しいもの」と認識されている原因のひとつかもしれません。

しかし、これは潜在意識の法則の本質ではありません。私は、本書で**本質の部分を詳しく語っていきたい**と思います。

本質を理解すれば、「潜在意識は単なる思い込みではなく、たしかに存在する大きな力である」と確信していただけるはずです。

「成功者」と言われる人たちは、ほぼ例外なく、潜在意識の力を活用して成功を収めています。

本書では、あなたがより具体的に潜在意識の存在をイメージできるよう、できるかぎり**「潜在意識を使いこなす人」**と**「使いこなせない人（ムダにする人）」**の二極に分けて説明しました。

「潜在意識を使いこなして成功している人」には、いくつもの共通点があります。同様に、数多くの本を読んだり、セミナーに参加したりしながらも、「いつまでたっても潜在意識を使いこなせない人」にも共通点があります。

この両者から典型的なパターンを抽出することにより、あなたが潜在意識について、より具体的にイメージできるよう工夫しました。

本書を読みながら、「自己実現する人は潜在意識をどのように活用しているのか」「潜在意識の力をムダにしないためには、どんな点に気をつければいいのか」などを具体的にイメージしていただければ、潜在意識に対する理解が深まるだけでなく、より潜在意識を活用しやすくなります。

「潜在意識を正しく理解し、活用する方法」「どうすれば潜在意識が最大限の力を発揮し、あなたを自己実現へと導いてくれるのか?」「人間関係、仕事、お金の悩みを解決する具体策」「言葉や環境からの刺激で潜在意識を働かせる秘策」

潜在意識の観点から、「やって良いこと」「やってはいけないこと」を説明します。

本書があなたの実りある人生の一助となれば、著者として、これほど嬉しいことはありません。ぜひ、最後までおつき合いください。

井上裕之

潜在意識を使いこなす人　ムダにする人　もくじ

第1章

潜在意識を操る【仕組みを知り、使う】

無意識レベルで自分を変えるには？

CONTENTS

第2章

潜在意識の力を〝一点〟に集める【ゴールへの軌道に乗る】

絶対に自己実現するには？

CONTENTS

第3章 〝必要なとき〟に〝必要な人〟を引き寄せる

【引き寄せの本質】

「イヤな人」「イヤな関係」を自分で引き寄せていないか？

第4章

「お金」と「仕事」の成功哲学【達成のルール】

稼ぐ力にブレーキがかかっていないか?

CONTENTS

第5章

アファメーションで自分を100%信じる【過去を断ち切る】

折れない心をつくる言葉とは？

CONTENTS

第6章

さらに潜在意識を使いこなすために【秘策】

「環境」「身につける物」「持ち物」「見た目」「体の管理」……外的刺激からステージを引き上げる

CONTENTS

終章

安心して進もう。心配事は起こらない。

プロデュース　森下裕士
編集協力　大平　淳
ＤＴＰ　佐藤千恵（株式会社ラクシュミー）
素材提供：© Redshinestudio - Fotolia.com　Photo.Lux, phipatbig, frikota/Shutterstock.com

第1章

潜在意識を操る
【仕組みを知り、使う】

無意識レベルで自分を変えるには？

1

潜在意識を使いこなす人は、自分の意識を100％操る
ムダにする人は、わずか4％の顕在意識しか操らない

潜在意識の力を使えば、理想の自分を実現できる――。

今から100年ほど前、そのように説いたのは、ジョセフ・マーフィーでした。彼は牧師としての顔のほかにも、神学、法学、哲学、薬理学、化学など多数の学位を持つ、いわば「知の巨人」でした。

なぜ、潜在意識を活用できると、思い通りの人生を実現できるのでしょうか。

一般的に、意識は「顕在意識」と「潜在意識」とに分けられます。

そして諸説ありますが、その割合は**顕在意識4％、潜在意識96％**と言われています。

多くの人が「ここでの失敗は許されない」という場面でミスをしてしまうことがあります。それは、顕在意識で「失敗してはいけない」と思っていても、**過去の失敗の経験などから、潜在意識が失敗をイメージし、それを実現してしまう**からです。

人間の行動の大半は96％の潜在意識でコントロールされており、だからこそ、潜在意識を活用できれば、あなたの人生は変わるのです。

さて、先ほどご紹介したマーフィーは、自身の著書『眠りながら奇跡を起こす』（きこ書房刊／井上裕之訳）で、次のように述べています。

「成功や富、愛情、健康など、欲しいものをそのまま強く思い、潜在意識に向かって願えばいいのです。潜在意識には、思い浮かべたことをそのまま現出する力があるのです」

この言葉を信じて、数多くの人が「お金持ちになった自分」「仕事やビジネスで成功する自分」「異性にモテる自分」「健康的で毎日を楽しく過ごす自分」などをイメージし、強く願ったことでしょう。

では、はたして、それらの願いは本当に叶ったでしょうか。おそらく、多くの人の願望は実現していないのではないかと思います。

「願えば叶うっていうから、願ったのに、ちっとも叶わないじゃないか！　潜在意識なんてインチキだ！」

そのように思われるかもしれませんが、少し待ってください。

なぜ、強く願ったにもかかわらず、あなたが願ったものが手に入らなかったのか、という点を考えなければなんの意味もありません。

願い方が足りないのでしょうか。

それとも、何か別の原因があるのでしょうか。

人間の行動の大半は〝96％の潜在意識〟にコントロールされる

2

使いこなす人は、「潜在意識が働く瞬間」を知っている

ムダにする人は、「願えば叶う」と思い込んでいる

潜在意識を使いこなす人は、冷静に物事を捉え、考えられる人です。

まずは、極めて当たり前な話をしたいと思います。

「願うことで、夢は叶う」。強く願うと、潜在意識が働くとよく説かれています。

私は、この本をそういった結論で終わらせたくはないと考えています。本当に潜在意識を使いこなすのなら、それよりも大切で効果的なことがあるからです。

願うだけでは、当然、夢が実現することはありません。クールな頭で考えれば、誰にでもわかることです。

私の感覚で言うと、本や講演、セミナーで啓発され、実際に行動ができるのは、わずか10％の人たちだけです。残念ながら、90％の人たちは「良い本を読んだ」「良い話を聞いた」という程度で終わってしまい、実際の行動は何も変わりません。だから、いつまでたっても、人生になんの変化も起こらないのです。

本がベストセラーになるのは、たいてい、こうした90％の人たちが本を買ったときです。だからこそ、「願えば夢は叶う」「あなたは今のままで大丈夫」「きっと成功できる」といった聞こえのいい言葉が並べられ、そうした本がもてはやされる傾向にあります。

しかし、しつこいようですが、本書を読んでいるあなたには、冷静になって考えてほしいと思います。

お金が欲しい。仕事の結果が欲しい。自由が欲しい。恋人が欲しい。

このように、今まで数多くのことを願ってきたことでしょう。

その願いは、本当に「願っただけ」で叶いましたか？

「願っただけで夢が叶う」という都合のいいことが、現実として起こりうるのでしょうか。

もちろん、**「どうしてもこれが欲しい」と強く願うことが、「あなたの理想の人生」を手に入れるための出発点である**ことは間違いありません。

たとえば、京セラや第二電電（現ＫＤＤＩ）を創業し、日本航空（ＪＡＬ）を再建した名経営者として知られる稲盛和夫氏は、自らの経験則に基づいて書いた企業哲学『京セラフィロソフィ』（サンマーク出版刊）に、次のように書いています。

「高い目標を達成するには、まず『こうありたい』という強い、持続した願望をもつことが必要です。新製品を開発する、お客様から注文をいただく、生産の歩留りや直行率を向上させるなど、どんな課題であっても、まず『何としてもやり遂げたい』という思いを心に強烈に描くのです。

純粋で強い願望を、寝ても覚めても、繰り返し繰り返し考え抜くことによって、それは潜在意識にまでしみ通っていくのです。

このような状態になったときには、日頃頭で考えている自分とは別に、寝ているときでも潜在意識が働いて強烈な力を発揮し、その願望を実現する方向へと向かわせてくれるのです」

この文章を読めば、稲盛氏のような大成功を収めている経営者が、いかに潜在意識を活用しているかがおわかりいただけるでしょう。

そして、稲盛氏が述べている通り、夢を叶えるためには、まずは「こうありたい」という強い、持続した願望を持つことが欠かせません。

しかし、それだけで夢が叶うほど、現実は甘くありません。

潜在意識をムダにする人が「願うだけで夢は叶う」と思っている一方、潜在意識を使いこなす人は、「願うだけでは夢は叶わない」という現実をよく理解しています。

それは、ただ願うだけでは、潜在意識がその力を十分に発揮できないからです。潜在意識を働かせるためには、その「活用法」を知ることです。

どのようにすれば、潜在意識は力を貸してくれるのでしょうか。そもそも潜在意識とは、いったい何なのでしょうか。本書では、そのことを詳しくお話ししていきます。

〝願望〟と〝現実〟のはざまで悩むのは、もうやめよう

3

使いこなす人は、〝達成のプロセス〟に乗る
ムダにする人は、〝突然の達成〟を待ち続ける

私は、「マーフィーの教えが誤解されているのではないか」と感じることが多々あります。

マーフィーが説いた潜在意識の黄金律（ゴールデンルール）は、一般的に「マーフィーの成功法則」と呼ばれています。

その成功法則を一言で表すならば、「眠りながら成功する」というのがぴったりでしょう。

たとえば、自身の著書『マーフィー　眠りながら巨富を得る』（三笠書房刊／大島淳一訳）

で、「お金に困っていた男を救った話」を、マーフィーは次のように書いています。
この話を読んで、「どうすれば願望が実現するのか」を、あなたなりに少し考えてみてください。

「最近私は、続けざまに不運と不幸に見舞われた人と話をする機会がありました。彼は家を持っているのですが、何重にも抵当に入っていました。彼は自分の家族のためにぎりぎりの生活必需品を買うお金も十分にありませんでした。それで彼は抵当への支払いもできなかったし、八百屋さんへのつけも払えなかったのです。医療費は兄さんに払ってもらっていました。

私はこの男に、自分の潜在意識の中の無限の知性は、彼が知る必要のあることはいつでも何でも彼に知らせることができること、また、インスピレーションや導きや新しい創造的なアイデアや金銭上の問題解決策も、そこから得ることができるのだと説明しました。

私のすすめに従って彼は、夜はくつろいで静かになり、ゆっくりと感情をこめ、しかも深い理解を持ちながら『富裕、成功、富裕、成功』と単語を繰り返し、そしてこの2つの観念を深い眠りの中に持ち込みました。

彼は10年ほど前に土地を買っていたのですが、そのローンの支払いは滞っており、手放そうと思ってから1年にもなるのに買い手がつかない状況でした。ところが、その土地を、2万5千ドルの現金払いで買おうという人が突然現れたのです」


夜寝る前に「富裕、成功、富裕、成功」と繰り返し唱え、潜在意識にインプットしたら、突然、土地の買い手が現れて、お金に困らないようになった……。

多くの人がこう認識してしまいますが、はたして本当にそれだけでしょうか。

マーフィーの成功法則は、よく「何ひとつ努力をする必要がない」と誤解されがちです。

潜在意識の力を活用すれば、ムダな努力をすることなく、誰でも最高の人生を実現できる。これは間違いありません。

しかしながら、**潜在意識に自己実現のイメージをインプットしてから、それが実現**

するまでの過程が確実にあるのです。

多くの人の潜在意識に関する知識には、この点が「決定的に欠けている」ように思えてなりません。

プロセスの部分を見落としてしまうため、「富裕や成功について唱えれば、突然、夢が叶う」と捉えてしまう……。

だからこそ、「何ひとつ努力をしなくても、願えば叶う」というふうに、潜在意識は誤解されてしまい、結果として存在を否定されるのです。願っただけでは現状が変わらないからです。

当たり前の話ですが、自己実現には、必ず「プロセス」が存在します。

願ったらすぐに願望が実現するわけではなく、「願望が実現するまでの過程」が必ず存在するのです。その点を本書では詳しくお話ししていきます。

自己実現には必ず過程が存在する

4

使いこなす人は、〝科学的面〟を信じる
ムダにする人は、〝自分が知っていることだけ〟を信じる

「潜在意識」と言われると、あなたはどのようなイメージを思い浮かべますか？

おそらく、「うさん臭いな……」「宗教っぽいな……」というイメージではないでしょうか。

潜在意識がそのようなイメージを持たれる理由は、「目に見えない」からだと私は考えています。

目に見えないため、潜在意識について語ると、どうしても「スピリチュアル」という印象を持たれがちなのです。

そこで、視点を変えることが大切です。

目に見えないものは、本当に存在しないのか？　その存在は否定できるものなのか？

万有引力について、考えてみてください。

17世紀、アイザック・ニュートンによって科学的に証明された「万有引力の法則」ですが、それ以前の世界に万有引力が存在しなかったのかと言えば、決してそんなことはありません。万有引力は宇宙の成り立ちを支えるメカニズムのひとつとして、間違いなく存在していたのです。ニュートン以前は、その存在を科学的に証明できなかったというだけで、万有引力は確実に働いていたのです。

潜在意識についても、これと同じことが言えます。

このように言うと、「この著者は、ずいぶん非科学的なことを信じるのだな」と思われるかもしれませんが、それは誤解です。

私は歯科医です。科学の進歩なくして、現在の医学について語ることはできませんから、私は誰よりも科学を尊重しています。

なぜ、そんな私が潜在意識について語るのかと言うと、潜在意識が持つ無限の力について、現在の科学で説明できるようになってきたからです。

ということは、将来的にニュートンのような偉大な科学者が現れ、潜在意識についてのメカニズムの全容を解明する日が必ず訪れる、という確信があるのです。

ですから、私自身は100％潜在意識を信じていますし、その存在を全く疑っていません。

潜在意識を使いこなす人が、潜在意識を科学的、もしくは肯定的に捉え、その存在を信じているのに対し、潜在意識をムダにする人は、これのすべてを非科学的と捉え、その存在を否定する傾向があります。

だからこそ、潜在意識について、まずは正しい知識を持つことが大切です。

科学に触れる仕事をしているからこそ、潜在意識を信じている

5

使いこなす人は、「無限のエネルギー」を味方にしながら進む
ムダにする人は、「エネルギー不足」で挫折する

では、潜在意識とはいったい何なのか――。

科学の観点から言うと、その答えは「エネルギー」です。

潜在意識は、エネルギー以外の何物でもありません。

「宇宙がどのように誕生したか」については、今も様々な議論がなされていますが、最も広く受け入れられているのは「ビッグバン理論」です。

137億年ほど前、存在していたのは超高温・超高密度のエネルギーの集合体だけ

でした。やがて、このエネルギーの集合体が膨張《ぼうちょう》を始め、爆発します。いわゆる「ビッグバン」です。ビッグバンにより、エネルギーを構成していた陽子、中性子、電子などが連鎖的な反応を起こし、様々な物質が生まれました。これが、多くの宇宙物理学者が語る「宇宙の誕生」です。

ビッグバンにより飛び散った物質の中の水素は、やがて集まり、恒星となりました。そのうちのひとつがさらに爆発し、中でも最も密度の濃い部分を中心にしたガス球が生まれます。このガス球は、周りのガスを吸い込みながら成長し、水素核融合を起こして、光り輝くガスの塊になりました。太陽の誕生です。

さらに、太陽の周りには、ガスの渦ができます。そのほとんどは太陽に引き込まれていきますが、太陽の重力に対抗できる質量を備えたものは、太陽に引き込まれることなく、太陽の周りを回り始めました。

これが惑星で、そのうちのひとつが地球です。

ちなみに、地球が誕生したのは、ビッグバンから約91億年後のこと。今から約46億年前です。137億年の間に太陽が生まれ、地球が誕生し、無数の生物が生まれました。

当然、ヒトもその中に含まれます。

このように宇宙や地球の成立過程をたどっていくと、ヒトの存在が単なる「物質」ではないことがおわかりいただけるのではないでしょうか。

約137億年前、超高温・超高密度のエネルギーの集合体が爆発し、宇宙や地球やヒトを生み出しました。最近の量子力学では、**物質は「エネルギーの移動」と考えるのが主流**になっています。

つまり、この宇宙の生きとし生けるものは、エネルギーが具現化したものであり、ヒトというのは「地球という場を得て、エネルギーが生命体として物質化した存在」と言えます。

生命体の本質はエネルギーであり、だからこそ、その潜在意識には「無限の力」＝「宇宙エネルギー」が宿っているのです。

〝科学的な面〟を見ながら、肯定的に物事を捉えていく

6

使いこなす人は、仕組みに基づく〝トータルコーディネート〟をする
ムダにする人は、〝スタート〟と〝ゴール〟だけを見つめる

今から100年ほど前、「潜在意識は宇宙エネルギーを宿した万能の力を持っている」と見事に喝破《かっぱ》したのは、ジョセフ・マーフィーでした。マーフィーは、いかにして潜在意識の存在を確信するに至ったのでしょうか。

若い頃にサルコーマ（骨や軟部組織にできる悪性腫瘍《しゅよう》）という難病を患ったマーフィーは、ある日、医者から余命宣告を受けます。

しかし、「必ず治る方法があるはずだ」と考えたマーフィーは、必死に治療法を探し

始めました。そして、フィニアス・D・クインビー博士と出会います。

クインビー博士の治療法は、眠りながら「自分の病気は必ず治る」と繰り返し唱えること。この治療法により、マーフィーは当時「500人に1人しか完治しない」と言われたサルコーマを克服することに成功しました。

そして、無限の力を持つ「潜在意識」の力を信じるようになります。

マーフィーは、次のように述べています。少し長くなりますが、ここでちょっとしたクイズです。「この文章の最大のポイント」を見つけてみてください。


「若いころ、私はサルコーマにおかされていたことがあります。サルコーマは骨や皮膚にできる悪性腫瘍で、不治だという医者も多い病気です。若かった私は、自分に襲いかかってきた悪夢のようなこの病気に、打ちひしがれそうになっていました。いろいろな医者を訪ね歩きましたが、決め手になる治療法はなく、症状はどんどん進んでいくばかりでした。

しかし、医師が首を横に振っても、私はどうしてもあきらめないという強い思いをもっていました。

『必ずどこかに治す方法があるのではないか』という思いから、私は本を読み、人の話を聞き、治療の道を必死に探したのです。そんなときに出会ったのが、フィニアス・D・クインビー博士です。

クインビー博士自身、重い病気を、メスメル派の治療師によって治した経験をもっていました。博士はその絶大な効果に傾倒し、私が出会ったときには、その治療法を実践する治療師として活躍していました。

博士が実践していた治療法は催眠術を応用したもので、一種の自己催眠でした。具体的には、静かに横になり『自分の病は必ず治る』と何度も繰り返し祈るように唱えるのです。（中略）

ワラにもすがる気持ちでクインビー博士の治療法を試し始めた私でしたが、気がついたときにはその治療法を完全に信じ、ひたすら実行していました。具体的には、毎日『私はサルコーマの苦しみから解放されたいと願っています。何よりも強く、その実現を欲しています』と繰り返し声に出していうだけです。時間にすれば、わずか五分程度だったでしょう。それから三か月、私を苦しめたサルコーマは完治していました。

何人もの医者に『治すことはできない』といわれ、なかには『この病は不治である。寿命もそう長くはない』という医師さえいたのです。それなのに、病であったことがウソだったように完全に治ったのです。

それからというもの、私は人の心に潜む、底知れぬ力に強い関心を抱くようになり、フロイトをはじめ、多くの哲学者や心理学者の書を読み、集められるだけの文献を集めて研究し、ある日、天啓のように、潜在意識とその無限の力の存在を確信するに至ったのです。

いまにして思えば、サルコーマは私の人生を最も価値あるものに導くために〝潜在意識が示した道標〟だったともいえます」

（『眠りながら奇跡を起こす』きこ書房刊）

この文章の最大のポイントは、いったいどこだかわかりましたか？

かなり注意深く読まないと、見逃してしまいがちですが、この文章の最大のポイントは、マーフィーが**「本を読み、人の話を聞き、治療の道を探した」**という点です。病気の完治を心から強く願うだけでなく、本を読んだり、人の話を聞いたりしながら必死に勉強した結果、マーフィーはクインビー博士と出会えたのであって、ただ病気の完治を願っただけで、博士と出会えたわけではありません。

潜在意識をムダにする人はたいてい、この点を誤解しています。

マーフィーが治療法を求めて必死に勉強したことは、潜在意識の観点から見ると、どのような意味を持つのでしょうか。「潜在意識の仕組み」について、もう少し掘り下げて考えてみることにします。

“願うだけ”で終わらずに、潜在意識の本質をしっかり理解しよう

7

使いこなす人は、「知識の貯蔵庫」に問題を解決してもらう

ムダにする人は、「記憶している知識」だけで問題を解決しようとする

先に、宇宙の成り立ちから、「潜在意識はエネルギーである」というお話をさせていただきました。

万物はエネルギーである。そのように考えると、世の中を簡単に解釈できるようになります。

$E=mc^2$

これは、かの有名なアインシュタインが考えた数式です。Ｅは「エネルギー」、ｍは「質量」、ｃは「光速度」で、c^2は「光速度」×「光速度」を指します。

この式が意味するのは「エネルギーと質量は比例する」ということであり、この数式により、アインシュタインは従来の「エネルギーの概念」を根底から覆《くつがえ》しました。

従来は、「何もないところからエネルギーは生まれないし、何もないところから質量のあるものは生まれない」と考えられていましたが、アインシュタインにより、「質量さえあれば、それはエネルギーになる」ということが証明されました。

エネルギーが減って物質の質量が生まれたり、物質の質量が減ってエネルギーが生まれたりするということは、つまり、物質はエネルギーが凝縮したものであるということです。

だからこそ、世の中に存在するものはエネルギーであり、潜在意識もまたエネルギーなのです。

「潜在意識」＝「エネルギー」ということを理解した上で、潜在意識の仕組みについて、もう少し突っ込んで考えてみます。

「潜在意識とは何ですか？」

このように聞かれることがよくあるのですが、私は「潜在意識はエネルギーである」と同時に、**「潜在意識は知識の貯蔵庫でもある」**と答えています。

「潜在意識が知識の貯蔵庫である」というのは、いったいどういうことなのでしょうか？

手前味噌になりますが、私は講演やセミナーなどの質疑応答で高い評価をよくいただきます。

講演者の中には、うまく質疑応答ができない人たちがたくさんいる中で、私自身は参加者の質問に対し、適切な答えを返すことができます。

「なぜ、事前に質問を知っているわけでもないのに、質疑応答にうまく答えられたのだろう……」

こう考えていくと、「もしかしたら、今までに勉強したことが、すべて潜在意識の中に蓄積されているのではないか」という仮説が浮かんできました。

私自身、勉強したことをすべて記憶しているわけではありません。ですが、参加者から質問を受けると、うまく質問に答えられる自分がいることに気づきました。

これは、潜在意識の中に蓄積された知識が折り重なって、私にひらめきを与えてくれているのだと実感するのです。

つまり、思考、行動、選択……の場面で潜在意識が私を助けてくれているのです。

潜在意識には、無限のエネルギーだけでなく、人類発祥から現在に至るまで存在した全人類のあらゆる経験、知識、失敗など、すべての情報が蓄積されているのです。

そのように説いたのは、心理学者であり、精神科医でもあったユングでした。

これが「集合的無意識」と呼ばれるユングの考え方です。

万物がエネルギーであると考えれば、人類として、それらを共有していると考えられないこともありませんが、いずれにしても、その存在の有無に関しては、今後の研究を待たなければならないでしょう。

しかし、私の経験上、勉強したことが潜在意識の中で折り重なり、自分でも思いもよらなかったひらめきやアイデアが出ることはたしかです。

つまり、潜在意識は〝問題を解決する力〟を持っているのです。

新しいひらめきやアイデアが出るとワクワクします。あなたにも、そうした経験があるのではないでしょうか。

そのように考えると、潜在意識はエネルギーであると同時に、「知識の貯蔵庫」でもあると言えるのです。

先ほどの質疑応答の例で言うと、私は話し始めるまで、自分が何を話すのか、実はよくわかりません。

それでも、参加者の質疑応答になんでも答えられる自分を意識したとき、私は「あ、これが潜在意識の力なのだ」と確信しました。

大切なので繰り返しますが、潜在意識は「エネルギー」であり、同時に「知識の貯蔵庫」でもあるのです。

潜在意識を使いこなす人は、意識するしないにかかわらず、「潜在意識は知識の貯蔵庫である」と知っています。

一方、潜在意識をムダにする人は、「頭の中で記憶していることがすべて」だと考え、潜在意識の存在を信じることができないのです。

願望の実現を心から願い、勉強して知識を蓄えていくと、思いもよらないアイデアが浮かんだり、必要としている出会いを引き寄せたりするようになります。

「引き寄せの法則」のメカニズムについては、またのちほど詳しく説明をしますが、ここでは、潜在意識は「エネルギー」であり、同時に「知識の貯蔵庫」であるということを覚えておいてください。

「知識の貯蔵庫」は必要なときに、最適な「考え」「行動」「選択肢」を引っ張り出してくれる

8 使いこなす人は、潜在意識が〝プラス〟に働くスイッチを押す ムダにする人は、〝マイナス〟に働くスイッチを押す

巷《ちまた》に出ている潜在意識に関する本を読むと、「潜在意識には善悪の判断がないから、良いことも悪いことも、思ったことをそのまま実現させてしまう」といった記述がよく見られます。

しかし、たいていの場合、「なぜ、善悪の判断がつかないのか」という理由が書かれていません。

なぜ、潜在意識は、善悪の判断ができないのか――。

この点は、「潜在意識はエネルギーである」と捉えると、簡単に理解できます。

たとえば、電気や水を思い浮かべてみてください。

電気自体はただのエネルギーにすぎず、善悪を判断する力はありません。スイッチが入れば、ただエネルギーを放出するだけです。

だからこそ、**街灯を照らして、人の生活を便利にする一方、人を感電死させてしまうようなことも起こりえます。**

水も同様です。あるときは発電機を回し、電力を生み出すエネルギーとなる一方、津波となって、罪のない人々の命を平然と奪うこともあります。

つまり、これがエネルギーの本質であり、エネルギーそのものに善悪の判断はないのです。


マーフィーの著作には、次のようなエピソードが紹介されています。

あるビジネスパーソンの話ですが、彼の娘さんは原因不明の病になり、やがて心まで病むようになってしまいました。しかも、医師からは「これといった治療法はない」と告げられてしまう有様でした。

以前、マーフィーの講演を聞いたことがあったこのビジネスパーソンは、「私の腕の1本や2本、なくなってもかまいません。何としても、娘の病を完治させてほしい」と唱え続けたそうです。

数カ月後、娘さんの病は医者も驚くほどの回復を見せ、娘さんは明るく元気な心を取り戻しました。

医者からも、「もう大丈夫です。再発の心配はありません」と太鼓判《たいこばん》を押され、天にも昇るような気持ちで、一家は病院を後にしました。

そして病院からの帰途、一家は交通事故に遭います。奥さんと娘さんは無事だったものの、ビジネスパーソンは片手を切り落とすことになってしまいました。

「腕の1本や2本、なくなってもいいから、娘の病を治してほしい」という彼の願いは、そっくりそのまま叶えられたのです。

これはマーフィーが語った実話ですが、「潜在意識はエネルギーである」という点を理解すると、腑《ふ》に落ちる部分が多いのです。

潜在意識はエネルギーだからこそ、使い方次第で、幸福になる人もいれば、正反対の結果を招く人もいます。

だからこそ、潜在意識の「スイッチの入れ方」を知るだけでなく、「プラスに活かすための方法」も学ばなければなりません。

結局のところ、潜在意識を使いこなせる人というのは、潜在意識の「スイッチの入れ方」だけでなく、「プラスに活かす方法」も知っている人たちです。

逆に、潜在意識をムダにする人というのは、それらを知らない人たちなのです。

では、潜在意識のスイッチを入れるためには、いったいどうしたらいいのでしょうか。

電気や水と同様に、潜在意識は〝善悪の判断〟をしない

9

使いこなす人は、「理想の結果を生む原因」を持つ
ムダにする人は、「邪の結果を生む原因」を持つ

ここで、「潜在意識をプラスに活かすためには、何をしたらいいのか」についてお話ししたいと思います。

今でこそ、潜在意識に関する講演を行なっていますが、以前の私は、いわゆる「自己啓発」には全く興味がありませんでした。

私が自己啓発に興味を持ったのは、事故に遭ったことがきっかけです。

事故の経緯については、今までの著書でも詳しく書いている通りですが、ご存じない人もいらっしゃると思いますので、本書でも簡単に触れておくことにします。

あるとき、私と妻と4歳だった娘は、北海道の帯広から旭川に向かっていました。運転席でハンドルを握っていたのは、私の妻です。

車は順調に目的地に向かっていたのですが、緩やかな坂道に差し掛かったときにスリップしてしまい、対向車線を走っていた車と衝突してしまいました。

私と娘は無傷でしたが、運転をしていた妻は大量に血を流し、瞳孔が開いている状態でした。そのまま病院に緊急搬送されましたが、医者から「最悪の状態を覚悟しておいてください」と言われるほど、状況は厳しいものでした。

とはいえ、私は歯科医ですから、そんな状況下でも、いつまでも休んでいるわけにはいきません。仕事の手を止めれば、収入がなくなってしまい、娘を育てることができないからです。

「どうして、こんなことになってしまったんだろう……」

私はこうした思いを抱えながら仕事に復帰し、平日は帯広で仕事、週末は旭川の病院で看病という生活を送ることになりました。

そうして看病を続けていく中で、私は「自分を成長させたい」と思うようになります。

依然として、妻は昏睡状態で、「いつ目を覚ますかわからない」と医者からもサジを投げられている状態でしたが、「必死に戦っている彼女を支えられる強い人間になりたい」と心から強く思うようになったからです。

帯広から旭川までは、バスで片道4時間。往復で8時間の道のりでした。

私は「これは1日8時間の勉強時間を与えられているのではないか」と感じ、その時間を使って、自分を成長させるための勉強を始めました。そんなときに出会ったのが、ナポレオン・ヒルの『思考は現実化する』（きこ書房刊、田中孝顕訳）という本です。

「思ったことが現実になる？　なんだ、この本は？」

それまで医学書しか読んだことのなかった私にとって、この本に書かれていたことは衝撃的でした。内容を簡単に説明すると、この本は鉄鋼王のアンドリュー・カーネギーの依頼を受け、500名を超える成功者の協力を得て、ナポレオン・ヒルが体系化した「成功のための自己啓発書」です。

「ひょっとしたら、事故も私の思考が引き寄せたのではないか」と考えた私は、それから本をむさぼるように読み始めます。

そして、やがて潜在意識の存在を確信するに至りました。

以上が、私が事故に遭い、そして自己啓発に目覚めた経緯ですが、今ではあの事故のことも、すべて論理的に説明できると考えています。

当時の私は仕事が忙しく、たまの休日も勉強会などに行って、家を空けることが多々ありました。事故を起こした日も、何か目的を持って旭川に向かったわけではなく、「翌日に青年会議所の入会式があり、今後忙しくなりそうなので、家族と接する時間を少しでもつくろう」という考えでした。そこに、明確な目的はなかったように思います。そんなときに起きた事故でした。

目的のある正しい思いに対しては、正しい結果が引き寄せられるけれども、目的のない邪道な思いに対しては、それなりの結果が引き寄せられる。これが、潜在意識をプラスに働かせるかマイナスに働かせるかを分けるのです。

「目的のない思いと行動は、潜在意識を逆向きに働かせる」と心得よう

10

使いこなす人は、〝2つのバランス〟で潜在意識を稼働させる
ムダにする人は、〝アンバランスさ〟で潜在意識を封じ込める

ただ、願っていても、成功するわけではありません。この点については、すでに述べた通りです。

では、正しい思いを抱き、あなたが望む結果を引き寄せるためには、いったいどうしたらいいのでしょうか。

ナポレオン・ヒルの『思考は現実化する』を参考にしながら、考えてみましょう。

さて、ここでまたクイズです。次の文章を読んで、「願望実現にとって何が大切なの

か」を、自分なりに考えてみてください。

「一八七一年、シカゴに住むパトリック・オリアリーの牛小屋から生じた火はたちまちシカゴ全域をなめつくし、十万人もの人々が家を失ってしまった。このシカゴ火災のあった次の日の朝、商人たちは街角に三々五々集まって、昨日までは自分たちの店があった焼跡を呆然《ぼうぜん》と見ていた。

そして、この土地に店を再建するか、またはシカゴを離れて、もっと将来性のあるどこかよその土地に移るかの話し合いをはじめた。最後には、たった一人の男を除き全員がシカゴを離れる決意をした。

ここに踏みとどまり、店を建て直すと決めたその男は焼跡を指し示してこう言った。『皆さん、これから何度火災が起きても、私はここに残って必ず世界一の店を再建してみせます』

この話は一世紀以上前のことだが、そのときに建てられたビルは、今でも燃え上がる願望を表す記念碑のように、勇ましい姿でそびえ立っている。他の商人たちと同様、将来性がありそうもないこんな土地は、このたった一人の男、マーシャル・フィールドにとっても、簡単に見捨てることができたはずだ。

このマーシャル・フィールドと他の商人たちの違いを見過ごしてはならない。というのは、成功するか、失敗するかの違いはここにあるからである。金銭の重みがわかってくる年齢に達すると、誰でもお金が欲しくなるものだ。けれども、ただ欲しいと思っていても、お金は入ってくるものではない。

しかし心の底から金持ちになりたいという願望を持ち、その願望の成就のために揺るぎない計画を立て、さらに決して心を他のことで迷わせない、という固い決意を持って、その計画を行動に移せば、願望は必ず達成するのである」

この文章で重要なのは、最後の部分で、「願望の成就のために揺るぎない計画を立て、さらに決して心を他のことで迷わせない、という固い決意を持って、その計画を行動に移せば、願望は必ず達成する」というところです。

ただ願うだけでなく、明確な目標を持ち、それを実現させるための揺るぎない計画を実行に移さなければ、願望は実現しない。

ナポレオン・ヒルは、そのように述べているのです。


これはまさにその通りです。

「心に強く願うこと」と**「揺るぎない計画を立て、実行すること」**は、願望成就にとって、いわば「車の両輪」と言えるでしょう。

どちらが欠けても、願望を叶えることはできません。つまり、願望を持ち、計画し、実行しているときに、潜在意識は働くのです。

両輪があるからこそ、素晴らしい思考と信じられないような行動力が生まれるのです。

では、願望を実現させるための計画は、いったいどのように立てればいいのでしょうか。次章では「成功までのプロセス」について、体系立てて説明をします。


〝揺るぎない計画〟を立て、それを実行することで、願望は現実となる

Essence 1

◆緻密《ちみつ》な計画があってこそ、潜在意識は働いてくれる

◆潜在意識は「エネルギー」であり、「知識の貯蔵庫」である

◆「願うだけ」では、潜在意識はうまく働いてくれない

◆潜在意識は善悪の判断をしない。使い方次第でプラスにもマイナスにも働く

◆「正しい目的」を設定すれば、「正しい結果」が生まれる

◆「願望」→「計画」→「実行」のサイクルを回すときに潜在意識は強く働く

第2章

潜在意識の力を“一点”に集める【ゴールへの軌道に乗る】

絶対に自己実現するには？

1

潜在意識を使いこなす人は、「知恵と構造」で思考を現実化させる
ムダにする人は、「情熱」のみで空回りする

あるときを境に、私は他者とのコミュニケーションにも興味を持つようになりました。「理想の病院をつくりたい」と思うようになったからです。

「世界で一番理想的な病院経営というのは、どうすればできるのだろうか」と考えた私は、組織論、心理学、マーケティングなどを、徹底的に勉強し始めました。そんなときに出会ったのが、「マネジメントの神様」と言われるドラッカーの経営学です。

「本を読むよりも、ドラッカーを知りつくした人に体系的に教えてもらったほうが早い」と思い、私はダイヤモンド社が主催していた計12回のマネジメントコースにさっ

そく申し込みをしました。当時の私にとっては、高額な出費でした。マネジメントコースの参加者は、私も含めて計6名。何千億円という売り上げのある企業の社長さんもいれば、「ドラッカーのことを何も知らずに来た」という人もいらっしゃいました。

その中で勉強になったのは、マネジメントの内容もさることながら、**「情熱だけでは限界があるんだな」**ということです。

たとえば、ドラッカーのコースでは、「マネジメントシート」という物があり、それを細かく埋めなければなりません。何千億円という売り上げのある会社の社長さんは、「これだけでも2000万円くらいの価値があるシートだね」と言って、細かいところまでびっしりと埋めていましたが、私は全然埋められませんでした。

そのとき、私は「なるほど」と思いました。

その社長さんが細かくシートを埋められるのは、各部門のエキスパートにやらせていることが、すべて自分の頭の中に入っているからです。

「統括《とうかつ》している人の頭の中に入っている世界が、何千億円という売り上げを上げるために必要な『分散化した組織』をつくっているんだな」と感じました。

私はこのとき、「ある程度のレベルに達することは情熱でなんとかなる。でも、その上を目指すのであれば、情熱だけでは無理だ」ということを、身をもって知りました。

つまり、**「情熱」から生まれてくる世界と「知恵と構造」から生まれてくる世界には雲泥の差がある、**ということを骨身に染みて思い知らされたのです。

潜在意識を使いこなす人は、情熱が大事であることを知りつつも、情熱だけではどうにもならない世界があるということを知っています。

一方、潜在意識をムダにする人は、情熱さえあればなんとかなると思っています。

「情熱だけでは越えられない壁がある」ということを、まずは知るべきです。

「企業のマネジメントの話なのに、なぜ、急に人生の話になるの?」

そのように思われるかもしれませんが、私は企業経営も人生も同じだと考えています。それは、あるエピソードがきっかけで、そのように考えるようになったのです。

頭の中で「分散」と「統括」を行ったり来たりできる人は、大きな結果を生み出す

2

使いこなす人は、「選択肢の基準」を持ち、ブレない軸をつくる
ムダにする人は、「曖昧《あいまい》な感覚」で決断に迷う

企業のマネジメントも人生のマネジメントも、結局は、「同じ基本原則で貫かれているのではないだろうか」と私が考えるようになったきっかけは、ある会社が倒産したからでした。

その会社は社長が一代で築き上げた数十億円の売り上げを誇る会社でしたが、ある日、大手の企業が買収を持ちかけてきました。

創業者の社長としては、「自分の会社ではなくなる」ということが、何よりも堪えがたかったのかもしれません。

買収に抵抗し、あらゆる手段を講じましたが、最終的には商品の流通を止められ、結果として、倒産する羽目になってしまいました。

私が傍目から見ていて、感じていたのは、「この会社はドラッカーの言う『ミッション』を持っていたのだろうか」ということです。

ビジネス界で最も影響力を持つ思想家として知られるドラッカーは、その代表的な著書『マネジメント』（ダイヤモンド社刊、上田惇生編訳）で、次のように書いています。少し長くなりますが、引用します。


「今日の企業は、組織のほとんどあらゆる階層に、高度の知識や技術を持つ者を多数抱える。それら高度の知識や技能は、仕事の進め方や仕事の内容を左右する。その結果、企業そのものや企業の能力に直接影響を与える意思決定が、組織のあらゆる階層において行われている。

『何を行い、何を行わないか』『何を続け、何を止めるか』『いかなる製品、市場、技術を追求し、いかなる市場、製品、技術を無視するか』などのリスクを伴う意思決定が、かなりの下位の、しかもマネージャーの肩書や地位のない研究者、設計技師、製品計画担当者、税務会計担当者によって行われる。彼らは彼らなりに、漠然とではあっても、自らの企業について何らかの定義を持って意思決定を行う。『われわれの事業は何か。何であるべきか』との問いに対する答えをそれぞれが持つ。

したがって、企業自らがこの問いについて徹底的に検討を行い、その答えを少なくとも一つは出しておかなければ、上から下にいたるあらゆる階層の意思決定が、それぞれ相異なる両立不能な矛盾した企業の定義に従って行われることになる。お互いの違いに気づくことなく、反対方向に向かって努力を続ける。まちがった定義に従って意思決定を行い、行動する。あらゆる組織において、共通のものの見方、理解、方向づけ、努力を実現するには、『われわれの事業は何か。何であるべきか』を定義することが不可欠である。

自らの事業は何かを知ることほど、簡単でわかりきったことはないと思われるかもしれない。鉄鋼会社は鉄をつくり、鉄道会社は貨物と乗客を運び、保険会社は火災の危険を引き受け、銀行は金を貸す。

しかし実際には、『われわれの事業は何か』という問いは、ほとんどの場合、答えることが難しい問題である。わかりきった答えが正しいことはほとんどない。『われわれの事業は何か』を問うことこそ、トップマネジメントの責任である。

企業の目的としての事業が十分に検討されていないことが、企業の挫折や失敗の最大の原因である。逆に、成功を収めている企業の成功は、『われわれの事業は何か』を問い、その問いに対する答えを考え、明確にすることによってもたらされている」

ドラッカーは、この文章の中で繰り返し「われわれの事業は何か。何であるべきか」を定義することの重要性を述べています。

これが、いわゆる「ミッション」と呼ばれるもので、企業のマネジメントの根幹を成すものです。

さて、ここまでを理解していただいた上で、先ほどの「倒産した会社」に話を戻しましょう。

もし、倒産した会社が、「自らのつくり出す製品によって、地域社会に貢献する」というミッションを持っていたとしたら、ひょっとしたら、倒産は避けられたかもしれません。

たしかに、創業者にとって、「自らの会社を手放す」という選択は何よりも辛いことでしょう。しかし、個人の領域にこだわらず、「自らのつくり出す製品によって、地域社会に貢献する」という社会的なミッションを優先させれば、何も自分の会社であることにこだわる必要はないのです。

そして、ドラッカーは、次のようにも述べています。

「トップマネジメントには、事業の目的を考えるという役割がある。すなわち、『われわれの事業は何か。何であるべきか』を考えなければならない。この役割から、目標の設定、戦略計画の作成、明日のための意思決定という役割が派生する」

これは企業のマネジメントだけでなく、あなたの人生にも当てはまるのです。

たとえば、あなたが明確なミッションを持っていれば、そこからビジョン、目標をつくり、それを日々の行動に落とし込んでいくことが可能になります。

多かれ少なかれ、あなたは日々、様々な選択を行なっているはずですが、ミッションに照らし合わせて考えれば、その選択の際に迷うこともなくなります。

逆に、ミッションがない場合はどうでしょうか。

企業の場合、明確なミッションがないと、それぞれの部署で異なる意思決定が行なわれることになりますが、これをあなたの人生に置き換えてみてください。

ミッションがないということは、選択の基準がないということですから、あなたはその場の雰囲気で、何となく意思決定をするしかありません。これでは、良い結果が出ないのは当然のことです。

このように、会社のマネジメントと人生のマネジメントは一緒であり、複雑に分けて考える必要はないのです。

ミッションがあれば、〝こだわり〟から解放され、いい結果が生まれる

3

使いこなす人は、「ミッション」と「ビジョン」で軌道に乗る
ムダにする人は、感覚を過大評価して軌道から外れる

先ほども述べた通り、私は企業のマネジメントも人生のマネジメントも、基本原則は同じだと考えています。

たとえば、ジョンソン・エンド・ジョンソンのような成功している会社が、必ずミッションを持っているように、あなた自身が自己実現をしたければ、まずはミッションを持つことが大切です。

ミッションの重要性はおわかりいただけたと思いますが、では、ミッションとは、具体的に何でしょうか。

ドラッカーの言う「われわれの事業は何か。何であるべきか」を個人に置き換えると、「私は何か。何であるべきか」ということになりますが、この問いは哲学的で、なかなか理解しづらいと思います。

それでは、「ミッション」と、それに伴う「ビジョン」「目標」とは、なんなのでしょうか。

具体例を使って、わかりやすく説明しましょう。

◆ミッションとは？

ミッションとは、簡単に言うと、あなたの**「使命」**や**「価値」「目的」**のことです。わかりやすい言葉に置き換えると、「何のために生きるのか」「自分の価値は何か」がミッションです。

そして、「ミッションが達成されたときの理想的な状況」のことを「ビジョン」と言います。

たとえば、私のミッションは、「日本で一番理想的な医師になる」ということです。

そういう影響力を持った人間になった上で、医療業界をより人間味のある世界に変えていきたい。その結果として、多くの人が安心してかかれる医療業界をつくりたいと考えています。

◇ビジョンとは？

そして、このミッションが具体的に達成されたシーンが、ビジョンです。
有名な大経営者の言葉を拝借すると、「まるでタイムマシーンに乗って、未来を見てきたかのように言えるのがビジョン」ということになります。

では、これに対する「目標」とはいったい何でしょうか。「目標」ですが、これはミッションを達成するための具体的な目標です。

「何（What）を達成したいのか？」
「いつ（When）達成したいのか？」

「どこで（Where）達成したいのか？」

「どうやって（How）達成したいのか？」

「誰（Who）と一緒に達成したいのか？」


「そこにたどり着くまでに、どんな問題が考えられるのか？」

そうした点を、具体的に考えなければなりません。

そして、その目標を達成するために**「どの道を行くか」**、その道を通る際に**「どの道具を使うか」**ということが大切になります。

たとえば、私が自分のミッションに照らし合わせて、「海外留学が必要だ」と考え、「1年以内にニューヨーク大学に入る」という目標を立てたとしましょう。

この場合、「入試を突破するのか」「推薦を狙うのか」といった選択が大事になります。そして、「入試を突破する」と決めたとしたら、「市販の参考書に頼るのか」「予備校に通うのか」といった選択が必要になります。

こうした点を明確にした上で、「1日に参考書をどれくらい進めなければならないのか」「予備校の授業の予習や復習を毎日どれくらいやればいいのか」といった日々の行動に落とし込んでいくからこそ、私は1年後に晴れてニューヨーク大学に入学できる、ということになるのです。

潜在意識を使いこなす人は、明確な「ミッション」「ビジョン」「目標」を持ち、それらを日々の行動に落とし込んでいます。

これに対し、潜在意識をムダにする人は、ミッションやビジョンを持っていません。具体的な目標もそれを達成する手段も持たず、結果、潜在意識も働かないのです。

「どの道を行くか?」「どの道具を使うか?」を考え1日の〝やるべき行動〟を明確にする

4

使いこなす人は、週に1時間「自分と向き合う時間」を持つ

ムダにする人は、「無意味なストレス発散」に時間を費やす

さて、ここまでの話をご理解いただければわかると思いますが、ミッションというのは、潜在意識を働かせるために重要なものである一方、「生きていくためにどうしても必要」という類のものではありません。

現に、世の中のほとんどの人は「自分のミッションは何か？」ということを考えずに日々暮らしていますし、ミッションがないからといって、何か不自由を感じることもないでしょう。

しかし、ミッションを持たずに生きるということは、たとえれば、服のコーディネー

トを考えずに、服を買い集めるようなものです。

服の上下がチグハグということは、生きていく上で困ることはないかもしれませんが、いざ着るときになって、「こんなはずじゃなかったのに……」ということになりかねません。

人生も同じで、ミッションを持たずに生きていくと、死ぬときになって、「私の人生って、いったいなんだったんだろう……」と後悔することになりかねません。

よく「人生は取り戻せる」と言われますが、人生は取り戻せません。時間は巻き戻せないのです。

二度とない人生を悔いなく生きるために必要なのがミッションであり、**人はミッションに生きることこそが「究極の幸せ」**なのです。

「井上先生。どうすれば、自分のミッションを見つけられますか？」

このように聞かれることも多いのですが、そのためには、まず自分自身と向き合うしかありません。あなたが社会人であれば、就職活動の際、自己ＰＲをするために「自己分析」をしたと思いますが、あの要領です。

たいていの場合、社会に出ると自分と向き合う時間がなく、自分自身を見失いがちですので、こうした時間を自分で意識的につくるしかありません。

自分と向き合う時間をつくらないかぎり、絶対に見つからないのがミッションなのです。

今では、私は常に自分と向き合うことが習慣となっています。このような時間をとっていない人は、まずは週に1時間でもいいから自分と向き合う時間をつくってみてください。

ストレスを発散するために使っている、遊ぶ時間をたった1時間でいいので減らして、自分と向き合ってみてほしいのです。

次項では、潜在意識を働かせるための「目標設定の仕方」について、具体例を挙げながら説明します。

「人生を巻き戻したい！」とならないために、自己分析の時間をつくる

5

使いこなす人は、「1番を目指すことは自由」だと考える

ムダにする人は、「これくらいはできる！」と自分のイメージをつくる

人間はゴールが明確で、それに対するプロセスも明確であれば、必ず行動を起こします。そうして、道を選んでいるときに、潜在意識が力を貸してくれるのです。

たとえば、エベレストに行って、「今日のこの天候であれば、このルートとこの方法で絶対に登頂できる。今日しかない」となれば、みんな必ず登ります。逆に、「天候もルートもよくわからないけど、行ける気がする」という程度では誰も登りません。その状態でエベレストに登れば、死んでしまうからです。

きちんとゴールを設定し、プロセスを明確化して、行動を起こせば、願望は実現するのです。

では、あなたが目標設定をする場合、具体的にどんな点に気をつければいいのでしょうか。具体例を用いて、説明をしたいと思います。

プロ野球を例にすると、シーズン前はどんな弱小球団の監督でも、必ず「優勝を目指します」と言います。無理だとわかっていても、「目標は優勝」と口にするのです。

勝負の世界で生きている彼らが、仮に「3位までに入り、クライマックスシリーズに出場することが目標です」などと口にしてしまうと、3位以上の成績になることはまずないということを、身をもって知っているからです。

勝負の世界では、**「3位を目指していたけど、結果として、1位になってしまった」ということは基本的にありえません。**

だからこそ、彼らは常に基準を高く置き、「優勝を目指します」と言います。

かつて現役時代に三冠王を3回獲得し、監督としても中日ドラゴンズを優勝に導いた落合博満さんは著書『コーチング～言葉と信念の魔術～』（ダイヤモンド社刊）の中で、次のように書いています。

「自分の腹の中では『優勝できるかも』と思っているのに、謙遜して『Aクラスでいい』などと言うのは、組織全体の雰囲気を停滞させることはあっても、活性化させることはない。監督が予防線を張り、謙虚に振る舞っていては選手も動かない。虚勢を張らなければならない場面では張り、部下の尻を叩くところは叩く。そんな指導者のいる組織には、活気がみなぎるはずだ。謙虚さが美徳の時代は終わったのだ」

これは、野球のようなプロスポーツの世界だけに言えることなのでしょうか。私はそうは思いません。なぜなら、プロ野球と同様、人生も勝負だからです。

たとえば、あなたがTOEICの試験を受けるとしましょう。

TOEICをご存じない人のために、簡単に説明をすると、TOEICは英語のコミュニケーション力を判定するための世界共通のテストで、10～990点までのスコアで評価される仕組みになっています。

外資系企業をはじめとして、英語力を求める数多くの企業で、採用選考の目安として使用されているテストになります。

このテストを受ける際、たいていの人は、「今の自分の実力はこんなもんだから、目標は６００点ぐらいかな」といった形で目標設定をします。

ですが、仮にそうした目標設定をすれば、６００点を取れることは、まずないでしょう。仮に取れたとしても、６００点を大幅に上回ることはないはずです。

人間は、達成可能な目標に対しては、なかなか緻密になれないし、それに対して、深く考えるということもしません。「やればなんとかなるかな」という程度の目標では、潜在意識は働きません。

私に言わせると、こうした安全領域で勝負をしようとするから、あなた本来の力を発揮できず、結果、失敗してしまうのです。

では、こうした場合、いったいどのような目標設定をすればいいのでしょうか。

それは、**本気で満点（９９０点）を狙うこと**です。

本気で満点を目指せば、「どうしたら、その目標を達成できるのか」を真剣に考え、達成のためのプロセスを組み立てるようになるからです。

人間は、「達成は不可能かもしれない」ということに対しては、ものすごく考えます。

リスク、つまり、成功するまでの要因を計算し、緻密に行動して、ゴールを目指します。そうしたときに、はじめて潜在意識は力を貸してくれるのです。低い目標設定は、潜在意識を停滞させることはあっても、活性化させることはないのです。

私は基本的に「1番以外は価値がない」と考えています。それは極端に言えば、1番の人と100番の人の差を考えてみれば、よくわかるでしょう。

たとえば、出版で考えると、1番手扱いの著者は初版部数が多いですし、書店でも大々的に展開してもらえますから、本が売れます。これに対し、100番手の著者は初版部数が少なく、書店での展開も小さいので、売れる確率がグッと低くなります。

人生で一度は1番にならないと、勝つチャンスがなかなかありません。

「1番になる」と決めて、結果にコミットメントするからこそ、はじめて潜在意識が働き、結果として勝てるのです。

自分の中の基準を上げ、高い目標を持つことが大切です。

現実は「頭の中のイメージ以上の結果にはならない」と肝に銘じる

6

使いこなす人は、達成の知識に敏感

ムダにする人は、思い込みで必要な情報を捨てる

潜在意識を使いこなすためには、潜在意識に対する理解を持ち、それを使いこなすための努力をしなければなりません。

潜在意識は、誰でも使いこなすことができます。しかし、使いこなすための方法は、決して楽をして身につくものではないという事実を知っておく必要があります。

先に、「知識の貯蔵庫」のお話をしましたが、ただボーッとしていても、潜在意識の中に知識が入ってくるわけではありません。

まずは、ミッションやビジョンを持つことが大切です。

そして、ただミッションやビジョンの実現を願うだけでなく、**勉強をして、ミッションやビジョンに沿った情報や知識を、潜在意識の中に入れていく**のです。

そうすることで、あなたが何かを選択する際に、潜在意識に入れた情報や知識が生きてくることになります。

つまり、ミッションやビジョンの達成に向けて、あなたの無意識の選択や行動が、正しい方向に向かっていくということなのです。

これが「潜在意識を使いこなす」ということにほかなりません。

私は人との出会い、環境、身につける物も含めて、すべてがエネルギーだと考えています。だからこそ、「このエネルギーが自分にとって本当に良いものなのかどうか」、または「ミッションやビジョンの達成に向けて必要なものなのかどうか」を選択する能力が必要だと考えています。

では、これらを選択する際に必要なものは、いったいなんなのでしょうか。

それは、「知識」です。選択するための判断能力は、知識なしには成り立ちません。

ただし、「知識が大切」と言っても、むやみやたらと、いろいろな知識を持っていればいいというわけではありません。

そこで大切になるのが、ミッションやビジョンです。

ミッションやビジョンを持ち、勉強して、それらに沿った情報や知識を潜在意識の中に入れていく。そうした作業を行なっていれば、選択の際に潜在意識が力を発揮してくれるため、選択を誤るということは、まずありえないのです。

逆に、**そうした知識がないと、あなたの選択は「その場の状況や雰囲気」に流されかねません。**

だからこそ、夢の実現に向けて、正しい選択ができない。結果、夢が叶わないのです。

少し抽象的でわかりにくいかもしれませんので、先にご紹介した「マーフィーがサルコーマを克服した例」で考えてみましょう。

マーフィーは医者から余命宣告を受けても、「必ずどこかに治す方法がある」と信じて、本を読み、人の話を聞き、治療の道を探しました。

その中で、マーフィーの潜在意識の中には「サルコーマを完治させるためのありとあらゆる知識」が積み上がっていったことでしょう。

そうすると、ある医者が「絶対に治らない」と言っていても、「あの医者の言っていることは間違っている」ということが自分で判断できるようになります。

マーフィーは、「あの人も違う」「この人も違う」という選択を繰り返していった結果、ついに「この人だ」と思う人に出会いました。

それが、フィニアス・D・クインビー博士でした。そして、クインビー博士の治療法により、マーフィーはついにサルコーマという難病を克服するに至ったのです。

仮にマーフィーが病気の完治をただ願うだけで、何も勉強をしなかったとしましょう。その状態で医者から「絶対に治らない」と言われれば、「そうか。俺もこれまでか……」とあきらめてしまったかもしれません。

これがミッションやビジョンを持たず、その場の雰囲気に流されてしまうということです。

本来であれば、「医者を変える」という選択もできるはずなのに、「病気を完治させた自分」という明確なビジョンを持っていないため、無意識に「絶対に治らない」と言う医者を選んでしまうのです。

これが、潜在意識を使いこなせない人の最大の特徴であると言っても、過言ではありません。

潜在意識を使いこなせる人というのは、自分のミッションやビジョンが明確です。そして、**その実現に向けての戦略や戦術が緻密で、しっかりとした行動計画ができています。**

だからこそ、ミッションやビジョンの実現に向けた情報や知識が潜在意識の中に収集されていきます。それらを活用した結果、何かを選択する際、自分のとっさの判断も含めて、正しい判断が導かれていく。そして、自己実現するのです。

逆に、もしもあなたが「潜在意識をうまく使えていないな……」と感じているのだとしたら、達成するための知識を学ばなければなりません。

その際も、ただ読んだり、話を聞いたりするのではなく、その文脈に書かれていない、もしくは、話者が本当に伝えようとしている「本質」を読み取る必要があります。

“あきらめない”ために知識を積み上げる

7

使いこなす人は、「行間」から本質を見つける
ムダにする人は、発信者の情報をそのまま信じる

では、文脈に書かれていない「本質を読み取る」とは、いったいどういうことなのでしょうか。

ただ本を読んだり、話を聞いたりするのではなく、その文脈に書かれていない、もしくは、話者が本当に伝えようとしている「本質」を読み取ることが大切です。

これは、いったいどういうことなのでしょうか。

この点については、先にご紹介した「娘さんの病を完治させた父親」の例で考えてみましょう。

この話を読むと、「腕の1本や2本がなくなってもいいから、娘の病が完治するように祈り続けた」↓「娘の病が治った」としか書かれていません。

表面的に読んでしまうと、「願いさえすれば、潜在意識はどんな願いでも叶えてくれるんだな」と捉えられてもしかたがありません。

しかし、本書を読んでいるあなたは、少し立ち止まって、しっかりと考えてほしいと思います。

「本当にそれだけだろうか？」

「それを成し遂げるために、いったいどんなことをしたんだろうか？」

「なぜ、成功者は成功しているんだろうか？」

そういった形で「成功までのプロセス」を細かく分解して考えていけば、文脈に書かれていない「本質」を必ず読み取れるからです。

たとえば、「娘さんの病を完治させた父親」の話で言うと、おそらくこの父親は、娘の病を完治させるために、一生懸命勉強をしたはずです。

娘の病の完治を心から強く願い、勉強し、治すための情報や知識を潜在意識に積み上げていったことでしょう。

医者顔負けの知識を持った父親は、「あの医者は違う」「この医者も違う」といったことを繰り返し、ようやく娘さんの病を完治させる医者に出会えたのです。

その結果、娘さんの病は完治しました。

けれども、「娘の病が治るなら、自分の腕の1本や2本がなくなってもかまわない」と願っていたために、不幸にも、そちらも実現してしまった。

おそらく、これが真実でしょう。

これが行間を読む、つまり、文脈に書かれていない「本質」を読み取るということなのです。

では、こうした行間を読むために必要なことは、いったい何なのでしょうか。

それは「知性」です。

なぜ、知性が必要なのでしょうか。

本を書いたり、セミナーを開催したりするのは、たいていの場合、知性レベルが高い人たちです。

その人たちが言わんとしていることを理解するのであれば、あなたの知性レベルを上げなければなりません。

たとえば、最近「会社の奴隷になるな！　今すぐ会社を辞めろ」といったメッセージをよく見かけるようになりました。

そういう情報を発信する人が、本当に伝えたいことは「自分で考え、自分で自分の人生をつくっていくことの大切さ」であり、そのための手段として、「会社を辞めろ」というメッセージを発しているのです。しかし、知性のレベルが低いと、なかなかそのあたりの本質を読み取れません。

「そうか。会社勤めは良くない！　会社員は皆、奴隷なんだ」と表面的に捉えてしまいがちです。

そして、感情で行動して、会社を辞めてしまうのです。

もちろん、そうしたメッセージを受け取っても、90％は行動できない人たちですから、「実際に会社を辞める」という行動に移す人は、成功の可能性があると言えるでしょう。

しかし、むやみに会社を辞めたところで、自分の頭で考え、自分で自分の人生をつくっていくことができなければ、会社を辞める意味がありません。

そもそも会社を辞めても、生活は成り立つのでしょうか。お金がすべてではありませんが、生活に困れば心の状態も悪くなり、自分の中に負のエネルギーが増えていきます。

結果、会社を辞めてみたものの、どうにもならない……。挙げ句の果てには、会社を辞めたことを後悔する……。

メッセージの本質を読み取れないと、どうしても、そうした結果になりかねないのです。

人は、何かを捨てると、普通はそこから何かをやろうと起ち上がると考えられています。だからこそ、情報発信者は「会社を辞めろ」と言うのですが、一度捨てたら、もう起ち上がれない人たちが、世の中には多くいるのです。

ただ捨てるだけでは、なかなか人生は変わりません。ミッションやビジョンがあってこそ、はじめて「捨てること」に価値が出てくるのです。

いずれにしても、**「情報を発信している側」と「情報を受けている側」にレベルの違いがあるということを、まずはしっかり認識**してください。

そして、発せられた言葉を100％信じるのではなく、「その言葉の原点がどこにあるのか」を、自分の頭で考えましょう。

その上で、発信している側の意図を読み取り、その本質を自分の力に変えていかなければなりません。

知性レベルの高い人たちの本、あるいは話の「本質」を捉えるために、あなた自身も知性のレベルを上げる必要があるのです。

知性のレベルを上げるために大切なのは、勉強をしたり、いろいろな経験をしたりして、自己研鑽《けんさん》をすることです。

常に学び続ける姿勢を持つことが大切です。この視点がなければ、潜在意識が働く余地すらなくなるのです。

本質を読み取るために、知性レベルの底上げを行なう

8

使いこなす人は、「効果的なミス」を楽しむ余裕がある

ムダにする人は、「合理主義」で自分を追いつめる

以前、テレビで放送された大リーグ・マーリンズのイチロー選手と元日本ハムファイターズの稲葉篤紀選手の対談（テレビ朝日系列『報道ステーション』）は、非常に示唆に富む内容でした。

素晴らしい対談で、本書を読んでいるあなたも学ぶべきところが多い内容だと思いますので、一部を以下に紹介させていただきます。

稲　葉：「今トレーニングで、身体を大きくして、それを活かすみたいなのが、流行っ

ていますよね？　あれについて、どう思いますか？」

イチロー：「全然ダメでしょ。人間には、自分の持って生まれたバランスが絶対にある。だって、トラとかライオンって、ウエイトトレーニングなんかしないですからね。でも、人間は知恵があるから、いろいろなことをやってしまう。本来のバランスを保っていないと、筋肉が大きくなったときに、それを支える関節や腱は鍛えられないから、壊れてしまうんですよ。重さに耐えられないから。筋肉を大きくしたら、膝や関節にくる。当たり前のことです」

稲　葉：「なるほど。ただ身体を大きくするだけでは、ダメだということですね」

イチロー：「だから、トレーニングをする前に、人体を理解することが大切なんですよ。それでだいぶ差が出る」

稲　葉：「それがわかったのは、いつぐらいのことですか？」

イチロー：「実は、僕もウエイトトレーニングをやっていたんですよ。身体が大きくなったら、嬉しくなるじゃないですか。でも、そのことでスイングスピードが落ちるんですよ。6、7年は同じ失敗を繰り返していました」

稲　葉：「あるときに、ふと気づいた?」

イチロー：「毎年、不思議だったんですけど、僕は春先に全然動けなかったんですよ。でもシーズンに入ると、そんなにガンガントレーニングできないので、痩せてくるじゃないですか。身体をキープできないから、どんどん痩せてくる。そうすると、スイングスピードが上がるんですよ。ムダなところが省かれるからですね」

稲　葉：「なるほど」

イチロー：「それが答えじゃないですか。本来のバランスを崩したら、ダメなんですよ。情報が多すぎるから、どれをピックアップしていけばいいかという問題がある」

稲　葉：「たしかに。でも、下手をすれば、最短でいける可能性もあるわけですよね?」

イチロー：「無理だと思う。あの失敗をせず、全くミスなしでそこにたどりついたとしても、深みが出ない。単純に野球選手としての作品がいいものになる可能性は、僕はないと思う。あったとしても、やっぱり遠回りすることが、すごい大事。『ムダなことって、結局ムダじゃない』という考え方が僕は大好きで、『今やっていることはムダだ』と思ってやっているわけではない。僕はムダに飛びついているわけではないんですよ。『後から思うと、すごいムダだった』というのが、すごく大事」

稲　葉：「たしかに」

イチロー：「合理的な考え方が、僕はすごく嫌い」

稲　葉：「遠回りしてもいいから、いろいろな経験をすることが大事ということですね」

イチロー：「遠回りすることが一番の近道。僕はそれを信じてやっています」

いかがでしょうか。

イチロー選手のように、成功への道を最短で走り抜けているようなイメージの選手でも、紆余曲折《うよきょくせつ》がある。これが現実です。

本書限定の無料プレゼント！

潜在意識を使いこなす人
ムダにする人の見分け方
～誰と付き合うかで人生が決まる！～

自分の潜在意識だけでなく、
相手の潜在意識も知れば、
あなたの人生はもっと加速する――

本書では、潜在意識について理解を深め、どのようにあなた自身が潜在意識を活用すれば良いかをお伝えしました。

その一方で、もうひとつ潜在意識で人生をより良く加速させる方法があります。

それは、「潜在意識が優れた人」と付き合っていくことです。

では、どのように「潜在意識が優れた人」と「潜在意識をムダにする人」を見分けるのか?

井上裕之先生に特別音声で解説してもらいました。

本書の内容が何倍にも活用できますので、今すぐ手に入れてください。

▼ 特別音声『潜在意識を使いこなす人ムダにする人の見分け方』は下記へアクセスしてください！

詳細はこちら↓

http://www.forestpub.co.jp/Icaite/

フォレスト出版　検索

①ヤフー、グーグルなどの検索エンジンで「フォレスト出版」と検索
②フォレスト出版のホームページを開き、URLの後ろに「Icaite」と半角で入力

※音声ファイルはホームページからダウンロードしていただくものであり、CDなどをお送りするものではありません。

おそらくイチロー選手の中には、「こういう打者になって、こういう影響を世の中に与えたい」という明確なミッションやビジョンがあるはずです。

そのためにウエイトトレーニングを行なっていましたが、ある瞬間にふと「おかしいな」と感じた。

そして、人体の仕組みを勉強し始めたわけです。

人体の仕組みに関する知識を潜在意識に積み上げていった結果、自分のミッションやビジョンを達成するために、自分に合わないウエイトトレーニングは必要ではないことに気づいた。

その事実に気づくまでに6、7年かかったというのは、イチロー選手が対談で語っている通りです。

では、はじめからウエイトトレーニングをしなければよかったのでしょうか。それに対し、イチロー選手は、はっきり「NO」と言っています。

ウエイトトレーニングをし、人体の勉強をし、ようやくウエイトトレーニングのムダに気づいた。

そのプロセスが何より大事だと、イチロー選手は語っているのです。

イチロー選手ほどミッションやビジョンが明確でも、その道は一本ではなく、紆余曲折がある。

潜在意識を使いこなす人は、この事実をよく知っています。

回り道が、自分にさらなる深みを与えてくれることを知っているため、仮に一本の道がふさがれていても、「この道を通る方法はないか」と考え、それがダメであれば、別の道を通ろうと考えます。別の道を一歩踏み出すときには、大きなエネルギーを発することができるのです。

一方、潜在意識をムダにする人は、最短ルートを通ろうとします。だからこそ、ちょっとした行き止まりがあると、「もうダメだ」と思い込んでしまい、ほかのルートについては、考えようともしません。考えないことによって、さらなる悪循環に陥り、結果、ゴールにたどり着けないのです。

私自身も、事故で挫折を経験し、様々な自己啓発教材やセミナーに多額のお金を投資することで、ようやく潜在意識の存在に気づきました。

ものすごい時間と労力をかけて、潜在意識を語れるようになったからこそ、そこには人には真似できない深みが出るわけです。

本やネットの知識の寄せ集めではなく、実体験で書くからこそ、私の本には説得力が生まれるのだと考えています。

ゴールにたどり着くまでの道筋を楽しむ余裕を持つことが大切です。

「やめる」や「引き返す」という安易な考え方では達成へのエネルギーが生まれない

9

使いこなす人は、エネルギーを〝一点に集中〟させる
ムダにする人は、エネルギーを〝分散〟させる

さて、本章では「自己実現までのプロセス」について、具体的に突っ込んだ話をしてきましたが、もう一度、ここで内容をまとめておきたいと思います。

ミッションとビジョンが明確にあり、潜在意識を活用できていれば、ムダのない知識、そしてムダのない出会いが選択できるようになります。

要するに、自分の情報選択や行動のすべてが、ミッションやビジョンに沿ったものになる。つまり、潜在意識を働かせることができるようになるのです。

逆に、潜在意識をムダにする人というのは、ミッションやビジョンがありません。

そして、ミッションやビジョンの実現に向けた「緻密な行動」をしません。緻密さを嫌い、ゴールの明確化を嫌い、ゴールまでのプロセスを嫌う。だからこそ、エネルギーが生まれないし、そのために必要な情報も入ってきません。

そうなると、自分の情報選択や行動が、現在の状況や雰囲気に振り回されてしまいます。

たとえば、「ミッションや将来のビジョンに向けて、今、この仕事が本当に必要なのかどうか」を考えずに、ただひたすら目の前の仕事をこなします。

その先に待っているのは、今の延長線上にある未来、つまり、何も代わり映えしない未来でしかありません。

潜在意識というのは、「問題直結型」です。

自分の中で明確なミッションやビジョンがあれば、潜在意識はその実現のために、ひとつの方向に向かっていくことができます。

それは、一点に力を集中させることにより、すべてを焼き尽くして突き破っていく「レーザー」のようなものだと言えるでしょう。

しかし、ミッションやビジョンがないと、潜在意識はどこに走っていけばいいのかわかりません。

結果、潜在意識がふらついて、力が分散してしまい、その力を発揮することが難しくなってしまうのです。

そして、ミッションやビジョンが明確になったら、高い目標設定をすることが大切です。

なぜなら、安全領域の目標では、潜在意識が働かないからです。

基本的に、難しいことに挑戦するときには、人は自分にサボることを許しません。周囲の雑音が全く耳に入らないぐらいに集中し、一心不乱に取り組むことによって、潜在意識のエネルギーが高まります。

そのエネルギーが、思いもよらないひらめきやアイデアを生んだり、時に必要な出会いを引き寄せたりすることによって、難しいことをクリアしていく原動力となるのです。

なお、「引き寄せの法則」については、次章で詳しく説明します。

さて、ここまでの話をご理解いただいた上で、次章からはいよいよ「具体的に手に入れたいものを獲得する方法」について、説明したいと思います。

まずは、人間関係についてです。

必要な出会いを引き寄せるためには、潜在意識をどのように活用したらいいのか、人間関係を円滑にするためには、どうしたらいいのか、具体的に解説します。

潜在意識はレーザーのようなもの。力を分散させると突破力が下がる

Essence 2

◆「ミッション」と「ビジョン」で人生をマネジメントする人は潜在意識が味方になってくれる

◆ミッションに連動した目標を設定し、それをさらに1日の行動に落とし込む

◆「これ以外は嫌だ」という高い基準を自分の中に持っておく

◆達成のための有効な知識は、「本質を見つける力」がなければ収集できない

◆「この話の原点は何か？」という視点を持つ

◆潜在意識は問題直結型で、目標設定のルールに従えば、実現のために一直線に働く

第3章

“必要なとき”に“必要な人”を引き寄せる

【引き寄せの本質】

「イヤな人」「イヤな関係」を
自分で引き寄せていないか？

© vege - Fotolia.com

1

潜在意識を使いこなす人は、「共鳴」で人を引き寄せる

ムダにする人は、「偶然の出会い」を待つ

前章までは、「自己実現までのプロセス」について、比較的抽象的な話を中心にさせていただきましたが、本章からはいよいよ具体論に入ります。

まずは、「人間関係」についてです。なぜなら、ビジネスでもプライベートでも、一番のカギとなるのが人間関係だからです。いわゆる「引き寄せの法則」から話を始めましょう。

「引き寄せの法則」というと、世間では「願えば、必要な出会いが引き寄せられる」と解釈されていますが、引き寄せの法則というのは、本来、そんなに単純なものでは

ありません。

たしかに、長い人生の中で「願ったら、必要な出会いが引き寄せられた」ということもあるでしょう。

しかし、**それは単なる偶然にすぎません。**

仮に願っただけで出会えたとしても、「次の機会にも同じ出会いを引き寄せられるか」といえば、おそらく無理でしょう。

他力本願は、あくまでも「引き寄せの法則の本質」ではありません。

では、「引き寄せの法則の本質」は、いったいどこにあるのでしょうか。

それをご理解いただくために、まずは物理世界の「共鳴」という現象について、説明しましょう。

物理の世界には「共鳴」、または「共振」と呼ばれる現象があります。

「共鳴」とは、気体、液体、物体などが、ある周期で振動しているとき、そこに外部から同じ周期で力が加わると、力を受けた物体の振動の幅が大きくなる、という現象です。「共振」は原理的には、共鳴と同じ現象になります。

少しわかりづらいと思いますので、具体例で説明しましょう。

同じ固有振動数を持つ共鳴箱付きの音叉《おんさ》を2つ用意して、片方を鳴らします。すると空気振動が伝わり、もう片方も鳴り始めます。これが「共鳴」です。

ちなみに、固有振動数が違う音叉同士では、共鳴は起こりません。

このように自然界においては、同じ振動数を持つものが共鳴し、お互いに響きあう性質が働いています。

この点を理解できると、いわゆる「引き寄せの法則の本質」がわかると思います。

「引き寄せの法則の本質」は、「自力で出会いを引き寄せる」ということであり、必要な出会いは自分でいつでもコントロールできる、ということです。

これが「引き寄せの法則の本質」です。

よく「類は友を呼ぶ」と言いますが、**なぜ似た者同士が集まるのかと言えば、それは「共鳴の法則」があるから**です。

エネルギーは同じ波長で振動しているものに共鳴し、引き寄せます。

ということは、自分のエネルギー次第で、必要な出会いを引き寄せることも可能だということです。

万物はエネルギーであり、人との出会いも、またエネルギーなのです。

潜在意識を使いこなす人は、「引き寄せの法則」について、その本質を正しく理解しています。

一方、潜在意識をムダにする人は、「願いさえすれば、必要な出会いが引き寄せられる」と信じています。

結果、自分にとって必要な出会いはいつまでたっても訪れず、いつしか潜在意識の存在を信じないようになってしまうのです。

出会いは自分でいつでもコントロールできる

2

使いこなす人は、望みを叶えてくれる〝恩人〟とつながる

ムダにする人は、夢の実現を〝邪魔する人〟と馴《な》れ合う

では、引き寄せの法則で必要な出会いを引き寄せるためには、いったいどうしたらいいのでしょうか。具体的なエピソードを使って説明します。

事故によって、私の妻が生死の境をさまよったことは、すでに説明をさせていただきました。

「一生意識が戻らないかもしれません」。医者からはそのように言われましたが、私たち家族は、妻の全快を少しも疑いませんでした。そこから、奇跡の回復が始まります。当の本人も、自分の回復を心から信じていたようです。

妻が回復し始めたある日のこと、私は「妻の足を治したい。なんとか自分で歩かせてあげたい」と強く思うようになりました。

そして、先生に「妻が歩けるようになるために、もっと良い医療はありませんか」と相談します。

ところが、それに対する先生の答えは、「今、人工関節を入れても、将来、手術をやり直さないといけないかもしれません。今のままで、もう少し静観されてはいかがでしょうか」というものでした。

正直、私は許せませんでした。静観すれば、妻がこのまま歩けない状態のままであるのは明らかです。

私は「この人に妻を任せてはおけない」と思いました。

それから、私は妻を治療してくれる病院を必死に探すことになります。当時、成長にフォーカスしていた私には、「どんな逆境も必ず乗り越えられるはずだ」という確信がありました。「妻は必ず歩けるようになる」と信じていたのです。

妻本人も、「自分の足は治る」と信じ、そのことを全く疑っていませんでした。

私は治療について、自分でいろいろと調べ、ついにはお医者さんとも対等以上に議論ができるようになりました。他人に委《ゆだ》ねた中で導かれる世界というのは、その人の能力の範疇《はんちゅう》にしかありません。

つまり、能力の高い人との出会いを引き寄せるためには、自分の能力も高くなければならないのです。

そして、ついに、妻の足を治してくれるお医者さんに出会いました。そのお医者さんは、人工関節の手術をすすめながら言いました。

「今が、人生で一番、素敵でありたい時期なのではありませんか？ お嬢さんがこれから小学校、中学校と入学していくとき、車イスに乗っているよりも、今、手術をして、最高の笑顔を残すようにしましょう。万が一、60歳頃になったときに、人工関節の再手術が必要になったとしても、それからの人生は、そのときに考えればいい。だから、今、手術をしましょう」

その言葉に、妻は手術を即決しました。そして順調にリハビリをこなし、気がつくと、みるみるうちに不自由なく歩けるようになっていたのです。

この話で注目していただきたいのは、「いかにして、妻の足を治してくれるお医者さんと巡り会ったか」という点です。

この点は、先ほどお話しした「共鳴の法則」がわかれば、すぐにご理解いただけるはずです。

私と妻は、足を治してくれるお医者さんを探すだけでなく、必死に勉強をしました。「妻が元気に歩く姿」を将来のビジョンとしてしっかり持ち、その上で、「妻の足を治すための知識」を潜在意識に積み上げていったのです。

そうすることで、潜在意識は徐々にエネルギーを帯びるようになります。

そして、**「同じ波長で振動しているものに同調する」**というのがエネルギーの法則ですから、エネルギーを帯びた私の潜在意識は、それと同調するものを引き寄せます。

結果として、私と妻は、足を治してくれるお医者さんとの出会いを引き寄せたのです。私たちがただ足の回復を願っているだけであれば、こうしたお医者さんとの出会いを引き寄せることは、間違いなくできなかったでしょう。

エネルギーは、ただ思い描いていれば、高まるというものではありません。

この場合は「自分の目的に対して知識を積み上げていく」という行動を取ったからこそ、エネルギーが高まりました。

逆に何もせず、心のどこかで「もう一生歩けないだろう……」と思っていれば、「絶対に治らない」と言う医者を引き寄せます。

つまり、自分と同じ波長を持つ医者を引き寄せてしまうのです。

潜在意識を使いこなす人は、引き寄せの法則も使いこなし、自ら必要な出会いを引き寄せます。

一方、潜在意識をムダにする人は、いつ訪れるかわからない出会いを、ひたすら願いながら待ち続けます。結果として、よほど運が良くないかぎり、必要な出会いは訪れないのです。

奇跡というのは起こるものではなく、起こすものである。このとき私は、**「奇跡は潜在意識の延長線上にある」**ということを学んだのです。

他人に委ねた中で導かれる世界に満足感はない

3

使いこなす人は、俯瞰《ふかん》思考で〝イライラ〟と〝モヤモヤ〟を消す

ムダにする人は、プレイヤー思考で話が〝平行線〟のまま終わる

人というのは、みな同じエネルギーを宿した存在であり、誰の内奥にも同じエネルギーが息づいています。

大げさに言えば、人類はみな兄弟であり、エネルギーという大きな存在から生じた分身同士だと言えるでしょう。

そのように考えると、私自身はそれまで、たまに他人に感じていたイライラがスーッと消えていきました。

同じ宇宙エネルギーを宿した存在ですから、お互いにいがみ合う必要など、どこに

もないのです。

しかし、世の中では相変わらず、いがみ合いや戦争が絶えません。報復が報復を呼び、無差別テロで罪のない人々が殺される事件などが続いています。

なぜ、同じエネルギーを宿した者同士のコミュニケーションがうまくいかなかったり、お互いにいがみ合ったりしてしまうのでしょうか。

その原因のひとつとして、私はお互いの**「視座と視野の違い」**が挙げられると考えています。

たとえば、あるとき私の知り合いが、とても怒っていたことがありました。

「井上先生、聞いていただきたいお話があります。私が企画したある商品がとてもよく売れました。会社がちょうど売り上げアップのためにキャンペーンを行なうということで、いくつかの商品の広告を出すことになったのです。

その当時一番売れていた商品だったので、当然、私が企画した商品もそのラインナップに入ると思っていましたが、会社はあまり売れていない商品をラインナップに入れたのです。

結局、私が企画した商品はその広告に載せることができませんでした。こんなことは、ありえないと思うのですが、どう思われますか？」

そのように言うので、私は答えました。

「たしかに、会社は頑張っているあなたに不誠実な対応をしたことはわかります。でも、在庫が多くて、その商品を広告に掲載したのかもしれません。

もしくは、長い期間でその商品を売っていこうと会社が考えているのかもしれない。どんな理由でそうなってしまったのかはわかりませんが、一概にありえないとは言えないと思います」

「本当におかしな話だと思わないのですか⁉」と聞いてくるので、私は「それをおかしいと思うほうが、おかしいと感じます。それは決めつけではありませんか」と答えました。

すると、相手は「先生は話が本当にお上手ですね」と投げかけてきたので、私は「そうでしょうか」と言うだけで、それ以上は、何も答えませんでした。

何を言っても、話が平行線になってしまうのが目に見えていたからです。

このエピソードをご紹介したのは、「お互いの視座と視野の違い」をあなたに実感していただくためです。

よく一流のサッカープレイヤーは、プレイヤーとしての目線のほかに「鳥の目」を持っていると言われます。プレイヤーとしての目線からボールを追うだけでなく、「鳥の目」で上空から眺めることによって、ゲーム全体の流れを把握しているのです。

先ほどの例で言うと、その人が持っているのはプレイヤーとしての目線。私はプレイヤーとしての目線だけでなく、「鳥の目」も持っているということになります。

私は、他者とのコミュニケーションにおいては、常に「鳥の目」を持つべきだと考えています。

多くの人は、**プレイヤーとしての目線、つまり、自分の視点からしか物事を捉えられないため、相手の立場を考えられません。**

だからこそ、「こうに違いない」と決めつけてしまい、結果、人間関係を悪化させてしまうのです。

視座が低く、視野が狭いと、本来うまくいくはずのコミュニケーションも、うまくいかなくなってしまいます。

他人との人間関係を構築するためには、「鳥の目」から眺めて、相手の事情も考慮することが大切なのです。

「鳥の目」を持つためには、勉強をして、様々な考え方や視点を学ぶしかありません。それがあなたの知性を上げるだけでなく、ひいては「鳥の目」を持つことにもつながるのです。

潜在意識を使いこなす人は、「鳥の目」を持ち、高い視座、広い視野で他人とのコミュニケーションを図ります。

一方、潜在意識を使いこなせない人は、プレイヤー目線で、コミュニケーションを図ります。その結果、自分でも意識していないうちに独りよがりになってしまい、人間関係がギスギスしてしまうのです。

他者とのコミュニケーションにおいては、「鳥の目」を持つことが大切です。

他者とのコミュニケーションにおいては、高い視座と広い視野を持つこと

4

使いこなす人は、「ミラーニューロン」で信頼関係を結ぶ

ムダにする人は、「ポジティブシンキング」で信頼関係を崩す

他人に向けた思いは、そのまま自分に向けられる。マーフィーはこれを「鏡の法則」と名付けました。

たとえば、相手に笑顔を向ければ、鏡に映ったように、相手の笑顔が返ってきます。相手に信頼を向ければ、相手もあなたを信頼してくれることでしょう。

逆に、何かトラブルがあったときに、「あいつさえいなければ」とか「いつか仕返しをしてやろう」などと考えると、**相手への憎しみは、そのまま自分に返ってきてしま**

います。その結果、人間関係がますます悪化していくことになるのです。

「鏡の法則」は近年、「ミラーニューロン」の発見により、脳科学でも、その存在が証明されました。

１９９６年、イタリア・パルマ大学のジャコーモ・リッツォラッティらは、ヒトやサルなどの高等動物が、他人の行動を見ていると、まるで自分も同じ行動を取っているかのような共感（エンパシー）反応を見せることに気づきました。

さらに研究を進め、他者の行動を見ているときも、自分が行動しているときと同じように活動電位を発生させる神経細胞があることを発見したのです。

これが「ミラーニューロン」で、今も研究が進められていますが、この発見は、DNAの発見に匹敵する偉大な発見だと評価されています。

このように、マーフィーが説いた理論や法則性は、科学の進歩によって、その存在が証明されていっているのです。

さて、セミナーなどで、こうした「鏡の法則」の話をすると、どうしても「ポジティブシンキング」を誤解する人が現れます。

以前、私は相談を受けました。その人は、不義理を行なって、ビジネスパートナーとけんか別れしたというのです。

彼は、どうしても自分の感情をコントロールできず、自分勝手な振る舞いを行ない、結果として別れたそうです。相手だけでなく、相手の会社の社員も、彼に対して、ものすごく怒っているとのことでした。

その人は、私と話して「今日からポジティブに生まれ変わります」と言っていましたが、私は「ポジティブになるのはいいけど、その前に、相手とのことをしっかり清算しなければダメだよ」とアドバイスしました。

なぜなら、**相手からマイナスのエネルギーをもらいながら、自分だけがプラスになるということは、基本的にありえない**からです。

いわゆる「ポジティブシンキング」を勘違いする人にありがちなのは、「なんでもポジティブに考えればいい」と考え、問題に対して真剣に向き合わないことです。

先ほどのケースで言うと、彼が「鏡の法則」を理解し、いかにポジティブに振る舞ったところで、相手や相手の会社の社員は怒っているわけです。

相手との関係をニュートラル、もしくはプラスにした上で、「相手に不義理を行なってしまったこと」を意味付けや解釈によってプラスに持っていかなければ、いつまでたっても、相手や相手の会社の社員が発する怒りのエネルギーに引っ張られる羽目になるでしょう。**殴ったほうは殴ったことを忘れても、殴られたほうはいつまでも殴られたことを覚えているもの**なのです。これは当然のことです。

潜在意識を使いこなす人は、ただポジティブになるだけでは、人間関係はうまくいかないということを知っています。

一方、潜在意識をムダにする人は、ポジティブになりさえすれば、人間関係がうまくいくと思っています。その結果、問題に対処することを怠り、さらに人間関係を悪化させていくのです。

人間関係においては、面倒くさがらず、やるべきことをひとつずつ、丁寧にこなしていくことが大切です。

科学的「鏡の法則」を理解し、逆らわない

5

使いこなす人は、キーパーソンを分析し、自分のレベルを調整する

ムダにする人は、「自分はかわいそうな人間だ」と嘆く

よく「自分には良い出会いがない……」と言う人がいます。

「いつか良いパートナーに巡り会いたい」と思いながら、出会いを待ち続けますが、いっこうにその出会いは訪れません。

あなたの周りにも、そうした人がいるのではないでしょうか。

ですが、ここまでの内容をご理解いただければ、なぜ、その人に必要な出会いが訪れないのか、その理由がわかるはずです。

具体的に、どんな彼女が欲しいのか？

その彼女と、どういう人生を送りたいのか？

そのために、自分はどういう行動をするべきなのか？

何を身につけるべきなのか？

そうしたことを考え、情報収集をしたり、勉強したりするからこそ、それが潜在意識の「知識の貯蔵庫」に蓄えられ、無意識の行動となって表れるのです。

さらに、そうした行動がエネルギーとなり、同じようなエネルギーを持つパートナーを引き寄せます。

「彼女が欲しい」「彼氏が欲しい」とただ願うだけでは、パートナーは見つからないのです。

たとえば、あなたが、「ビジネスで成功する手助けをしてくれる人に出会いたい」と考えているとしましょう。

この場合も、まずはミッション、ビジョン、目標などを明確にするところから始めなければなりません。

なぜ、ビジネスを成功させたいのか？

具体的に、どんな人と出会いたいのか？

その人と、どういうことをしたいのか？

その人と出会うために、どういう行動をするべきなのか？

いつまでに出会いたいのか？

いざ出会ったときに、自分に魅力を感じてもらえるようにするためには、いったいどうすればいいのか？

そういったことを考え、そのために必要な情報や知識を潜在意識に落とし込んでいく必要があります。

それが無意識の行動となって表れ、エネルギーを生み、エネルギーの身の丈にあった出会いを引き寄せます。

エネルギーの高い人と出会うためには、あなた自身も、その人と同等のエネルギーを持たなければならないのです。

これは、ビジネス上のパートナーに出会うことにも、その他すべての出会いにも共通して言えることです。

潜在意識を使いこなす人は、引き寄せの法則を使い、魅力的なパートナーを引き寄せます。

一方、潜在意識をムダにする人は、「良い出会いがない……」と言って、嘆くばかりで、何も行動を起こしません。だから、必要な出会いを引き寄せることができません。

奇跡は待つものではなく、自分で起こすものなのです。

このように、すべてを潜在意識の観点から眺めるようにすると、人間関係だけでなく、恋愛もうまくいくようになります。

「引き寄せの法則の本質」を理解し、ぜひ、理想的なパートナーを引き寄せてください。

自分のエネルギーと〝同等のエネルギーを持つ人〟しか引き寄せられない

6

使いこなす人は、先に与える

ムダにする人は、与えられたら与える

世の中には、「ギブ・アンド・テイク」という言葉があります。

これは「あなたが何かをしてくれるなら、私も何かするよ」という考え方です。

これに対し、成功者たちは**「ギブ・アンド・ギブ」**で、「見返りを期待せず、どんどん与えなさい」と言います。

これはいったいなぜでしょうか？

物理の世界には、「作用反作用」と呼ばれる法則が働いています。

「作用反作用」とは何でしょうか？

これは、ある物体がほかの物体に作用を及ぼすとき、それとは逆向きで、大きさの等しい反作用が常に働くというもので、「運動の第3法則」とも呼ばれています。かの有名なニュートンが発見しました。

力というものは、必ず対になって作用します。引っ張ると引っ張り返され、押すと押し返されるものなのです。

これが、「作用反作用の法則」です。

ここまでを理解できれば、なぜ、成功者たちが「ギブ・アンド・ギブ」と言うのかがおわかりいただけるのではないでしょうか。

「力というものは、必ず対になって作用する」というのが物理世界の法則です。

あなたが見返りを期待しようがしまいが、あなたが与えたエネルギーと同様のエネルギーが、必ず相手から返ってくるのです。

つまり、相手に与えれば与えるほど豊かになるということであり、だからこそ、成功する人たちは、「見返りを期待せず、どんどん与えなさい」と言います。

仮に、物理世界の法則を知らなくても、経験的にそうしたことがわかっているのです。

たとえば、「自分はこんなに働いているのに、給料が安い……」と嘆く人がいます。

しかし、「作用反作用の法則」がわかれば、そうした不満もなくなるのではないでしょうか？

もし、あなたの給料が安いのだとしたら、それはあなたが世の中、もしくは、会社に与えているエネルギーが少ないということです。

あなたが周囲に与えているエネルギーが大きければ、大きいほど、必ず大きなエネルギーが返ってくるものなのです。

基本的に**「与え損」「もらい得」という考え方は成立しません。**

のちほど詳しくお話ししますが、人のせいにしたり、環境のせいにしたりすることは、潜在意識にとってマイナスです。

人のせいにしたり、環境のせいにしたりするほど、余計にうまくいかない自分になります。もしくは、他人に対する不満のエネルギーが溜まり、うつ気味になったりします。

先ほど、「出会いは自分で引き寄せるものだ」というお話をさせていただきましたが、自分が変われば、世界が変わります。

自分が変わることによって、大げさに言うと、時代すらも引き寄せることができる。それが、潜在意識の底力なのです。

潜在意識を使いこなす人は、与えることを優先します。そして、良好な人間関係を築きます。

これに対し、潜在意識をムダにする人は「いかにもらうか」を考えます。その結果、良好な人間関係を築けなくなってしまうのです。

「人間関係」についての話は、以上になります。次章では「お金」と「仕事」について、詳しくお話しします。

作用反作用の法則を知り「ギブ・アンド・ギブ」で大きく報酬を得る

Essence 3

◆実は、偶然の出会いを「共鳴の法則」で必然の出会いにコントロールできる

◆「思い」＋「学び」で必要な人とつながることができる

◆「視座の低さ」と「視野の狭さ」が嫌な人を引き寄せ、負のエネルギーを受けることになる

◆本当の「鏡の法則」を知れば、あなたにふさわしい人が近づいてくる

◆相手とのエネルギーを合わせ、強固な信頼関係を結ぶ

◆自己実現している人は「ギブ・アンド・ギブ」精神を持っている

第4章

「お金」と「仕事」の成功哲学

【達成のルール】

稼ぐ力にブレーキがかかっていないか？

1

潜在意識を使いこなす人は、お金に〝善〟の意味を付ける

ムダにする人は、お金に〝悪〟の意味を付ける

本章では「お金」と「仕事」について、お話ししたいと思います。これらは、切っても切り離せない関係にあります。

まずは、「お金」についてです。

お金に関して言うと、日本では「お金のことを口にするのは卑しい」「お金をたくさんもらうことは不誠実である」という考え方があります。

だからこそ、日本人は「清貧に生きることが素晴らしい」と考え、「貧しくても愛があれば」「貧しくても心が豊かならば」「最後はお金じゃない」などと言ったりします。

これは本当でしょうか。

お金が一番大事とは言いませんが、お金がないと心が豊かになりにくいですし、愛が揺らぎます。何より人生の選択肢を狭めてしまいます。

そのように考えると、**「お金がありすぎる苦労」**よりも、**「お金がない苦労」**のほうが、はるかに問題なのです。

やはり、お金は、あるに越したことはありません。

ユダヤ人の格言の中には、こんな一節があります。

「貧乏は恥ではない。でも、名誉だと思うな」

この格言の意味は、文字通り「貧乏を清いと思い、名誉だと思うことは危険だ」ということです。

世の中の万物は、エネルギーです。お金自体も、その本質はエネルギーであって、良い悪いはありません。

あくまでも、使う人の品性次第で、良いエネルギーにも悪いエネルギーにもなり、

「貧乏」＝「清い」、「お金持ち」＝「悪」ではないのです。

ユダヤ人は、こうした格言によって、「お金の本質」について、よく理解しているのです。

だからこそ、彼らはためらうことなく、お金に執着し、お金儲けをするのだと思います。

もしもあなたが「お金に不自由したくない」「お金持ちになりたい」と思うのであれば、まずはお金に対する偏見を取り除くことから始めなければなりません。

大事なことなので繰り返しますが、**お金の本質はエネルギーであって、それ自体には良いも悪いもない**のです。

潜在意識を使いこなす人は、「お金の本質」を理解しています。

一方、潜在意識をムダにする人は、そのあたりがよくわかっていません。

どこかで「お金は卑しい」というマイナスのイメージを持ち、否定的な思いを抱いています。

だからこそ、いつまでたっても、「お金が寄ってこない」＝「貧乏」なのです。

「今、何が欲しいですか？」

そのように聞かれれば私は、「いろいろあるけど〝お金〟もその中のひとつ」だと即答します。

それは、私自身が「お金の本質」と「資本主義社会におけるお金の価値」を正しく理解しているからです。

誤解を恐れずに言えば、資本主義社会においては、お金を持っていれば、勝てることが多いのも事実なのです。

「お金が欲しい！」と断言できる自分になろう

2

使いこなす人は、情報の〝質〟にこだわり、お金を生み出す
ムダにする人は、情報の〝量〟で得をしようとする

1815年、ワーテルローの戦いの行方を、ヨーロッパ中の投資家が固唾《かたず》を飲んで見守っていました。

なぜなら、この戦いでイギリスが勝てば、英国債は暴騰《ぼうとう》。逆に、ナポレオンのフランスが勝てば、英国債は暴落するからです。

そんな中、ロンドン・ロスチャイルド家の当主ネイサン・マイヤーが、猛然と英国債の空売りを始めました。市場は騒然となります。事情通として知られていたネイサンが英国債の空売りを始めたことで、みな「イギリスが負けた」と思い込み、英国債

の投げ売りが始まりました。英国債は瞬く間に暴落します。

実は、これはネイサンの作戦でした。いち早く「ナポレオン敗退」の情報を得たネイサンは、英国債を空売りし、タダ同然になったところで、英国債を買い集める作戦に出たのです。実に、市場に出回っている6割以上の英国債が、ネイサンの所有になりました。

そして、ネイサンが英国債を買い集めたところで、「ナポレオン敗退」の報が、ヨーロッパ中を駆け巡ります。英国債は暴騰。ネイサンは巨万の富を手に入れることに成功しました。

これは「ネイサンの逆売り」として知られる有名な話です。

この実話から読み取れる教訓は、いったい何でしょうか。

様々ありますが、最も重要なのは、やはり**「人に先んじて得た情報はお金になる」**ということだと思います。

つまり、**「情報」＝「お金」**なのです。

さて、これらを踏まえた上で、現在に話を戻しましょう。

現在は、ネット全盛の社会です。おそらく「自分が望む情報は、ネットを通じて、大量になんでも手に入る」と思っている人も多いことでしょう。

しかし、ネットを通じて、〝無料で〟〝誰でも〟しかも〝簡単に〟手に入れられる情報に、はたして本当の価値はあるのでしょうか。

もし、あなたがそれらの情報に価値があると思っているとしたら、その時点で、成功者の仲間入りをするのは難しいでしょう。というのも、みんなと同じ情報で稼ぐということは、競争相手が多いため、その中で勝ち抜くのは非常に大変なのです。

なぜ、私が人生がうまくいっているのかと言えば、その一因は、普通の人たちが受けられないような高額のセミナーをたくさん受けているからです。

高額のセミナーをたくさん受けることで、ほかの人とは違う知識や技術を持てるわけですから、もうそれだけで勝てるわけです。価値ある情報は、すべて有料であり、お金のかからない情報で成功する人は、ほとんどいません。

では、あなたが勝つためには、いったいどうしたらいいのでしょうか。

そうです。まずは、お金を持つことが大切です。なぜなら、お金を持っていれば、価値ある情報が手に入るからです。

そして、価値ある情報が手に入れば、勝負に勝てます。つまり、お金があれば、勝てる可能性が高まるのです。

そう考えると、やはりお金は必要ですし、お金がない状況を放置しておくというのは、あまり良くありません。

潜在意識をムダにする人は、「無料の情報」に価値を感じています。

これとは逆に、潜在意識を使いこなす人は「有料の情報」にしか価値がないことを知っています。

有料の情報を得るために、お金を稼ぐ。そこで得た情報で、またお金を稼ぐ。そういうプラスのスパイラルに入っていくのです。

「ネイサンの逆売り」を見れば、情報格差が収入格差を生むとわかる

3

使いこなす人は、「お金持ちとは？」が明確
ムダにする人は、「お金持ちになりたい」と思う

では、いったいどのようにお金を稼げばいいのでしょうか。そして、稼いだお金をどのように使えばいいのでしょうか。

多くの人が「お金持ちになりたい」と願っています。でも、ほとんどの人がお金持ちにはなれません。

お金持ちになれない理由は、多くの人が「お金持ちになりたい」と願ってはいるけれど、**何をもってお金持ちなのか、その定義が非常に曖昧**だからです。

たとえば、１００万円欲しいのか、１０００万円欲しいのか、それとも1億円欲し

いのか……。

一言で「お金持ちになりたい」と言いますが、極端なことを言えば、1円でも持っていれば、お金持ちと言えないこともないわけです。

「潜在意識は、常に願望を叶えてあげたくてしかたがない」と私は考えていますが、仮に潜在意識がそう思っていたとしても、どこへ向かっていけばいいのか、その目標が曖昧なわけですから、力を発揮しようがないのです。

なぜ、お金持ちになりたいのか？

具体的にいくらくらいを持つお金持ちになりたいのか？

そのお金をどのようにして稼ぐのか？

そのために、どういう自分であるべきなのか？

そういったことをミッションやビジョンから見つめ直し、具体的な目標に落とし込んでいかなければなりません。

よく「お金がないからビジネスを始められない……」と言う人がいますが、そうした人は「今、持ち得ているお金で何をすべきか」を必死に考えるべきです。

もしも、あなたが「自分にはビジネスのセンスがない……」と思うのならば、今まさに稼いでいる人から学んだり、本を読んだりして、必死に勉強をするべきです。お金持ちになれない人というのは、こうした作業を「労力」と捉えてしまい、「必要な作業である」という認識がありません。

こうした作業を面倒くさがってやらないから、お金持ちになれないのです。

さて、こうした作業を経て、あなたが実際にお金持ちになったとしましょう。お金を稼ぐために大切なのは、ミッションやビジョンですが、これらは同時に、お金を使う際にも大事になってきます。

たとえば、バーゲン品について、考えてみましょう。

バーゲン品を買うと、「得した」と思う人が多いと思いますが、バーゲン品を潜在意識の側面から眺めると、これらは売れ残りの**「エネルギーの弱い物」**です。

ですから、バーゲン品を身にまとうということは、基本的に、あなた自身のエネルギーを下げることになります。

目的もなく、ただ「安いから」という理由でバーゲン品を買うのは、自分のミッションに結びつかないため、「死に金」になってしまうのです。

たとえば、あなたはお酒を飲みに行くのとセミナーに行くのと、どちらが有効なお金の使い方だと思いますか。

「お酒を飲みに行くよりセミナーに行くほうが良い」と考える人が多いと思いますが、あなたの価値目的が明確でなければ、セミナーに行く意味はありません。

逆に、お酒を飲みに行くにしても、「若い人たちの考え方や将来の展望を聞きたい」といったような目的があるのであれば、いかに他人から贅沢《ぜいたく》に見えたとしても、それは「生き金」になります。

単純に「セミナー」＝「良い」、「お酒を飲みに行く」＝「悪い」ではなく、その価値と意味をどう捉えているかが、とても重要なのです。

お金を稼ぐときだけでなく、使うときにも、ミッションに照らし合わせた「目的」を意識することが大切です。

お金持ちの定義を明確にすれば、〝めんどくさい〟がなくなる

4

使いこなす人は、生き金を使う
ムダにする人は、死に金を使う

「金は天下の回りもの」

という言葉は誰もが一度は聞いたことがあるのではないでしょうか。たしかに、お金は一カ所に長期間留まらず、世界中を駆け巡っているという現実があります。

日本は1980年代にバブルを経験しましたが、それが泡となって消えてしまったことを考えればわかりやすいでしょう。もし、お金が動かなければ、バブルが起こることも、はじけることもないのです。

社会はものすごいスピードで変化し、それにともないお金も集まる場所をどんどん変えていきます。

では、社会の変化はなぜ起こるのでしょうか。いろいろと原因が考えられますが、ひとつは人のニーズが変わるからです。

その変化はどのようにして感じ取ればいいのかと言えば、それは、お金を使うしかありません。

学びにも、物にも、環境にも、自分のお金を使うことで、表面的ではない、本当に今起こっていることを肌感覚で感じることができます。

だからこそ私は、得たお金は貯金しすぎることなく、どんどん使っていきます。身につける物、持ち物、身を置く場にもこだわりますし、いろいろな著書でお話ししているように、学びには1億円以上を使っていました。

潜在意識を働かせるには、良質で実際に使える情報をどんどん仕入れなければならないのです。

お金に不自由しない人というのは、身銭を切って、「今、人は何を求めているのか」

を感じ取り、それにともなって自分を変化させていきます。そして、ニーズを感じ取り、経営者なら売り上げを増やし、会社員なら仕事で結果を出していき収入を上げていくのです。

また、入ってきたお金を貯金に回すだけで、使わなければ、お金のエネルギーが淀みます。お金を動かすから、お金が回り回って自分に返ってくるのです。

貯めるだけでは、満足できるお金を手にすることはできません。「知識の貯蔵庫」にいい情報を入れ、エネルギーを生み出すためにも、お金を使うということは非常に大切なことなのです。

生活ができないほどお金を使う必要はありませんが、成功者ほど収入が低いうちから自己投資をしているものです。

「金は天下の回りもの」の本当の意味を考えれば、お金を使わないという選択肢はない！

5

使いこなす人は、「緻密さ」で仕事の結果を生み出す

ムダにする人は、「一生懸命さ」が結果を生むと勘違いしている

お金の次は、仕事の話をしたいと思います。

「お金を得る」ということを具体的に考えると、主な方法は3つあります。**仕事をして得るか、他人からもらうか、もしくは、他人から盗むか**、です。

もちろん、他人から盗むというのは論外です。

明確な目標さえあれば、ベンチャービジネスなどでお金を集めることができるかもしれませんが、やはり、多くの人にとっては、仕事をして得るというのが、お金持ち

になるための具体的な手段ではないでしょうか。

ちなみに、少し話がそれますが、世の中には親から莫大な財産を引き継ぐ人がいらっしゃいます。

あなたはそんな人を見て、うらやましいと思いませんか？

「お金をタダでもらえるんだから、うらやましいに決まっているだろ！」

そう思われるかもしれませんが、私はうらやましいとは全く思いません。なぜなら、それは、私がすべてを「潜在意識」の観点から見ているからです。

親がお金を残すというのは、基本的に子供の将来が心配だからです。そして、心配するというのは、「将来、不幸になる」ということを前提とした「負のエネルギー」です。

負のエネルギーで、子供が幸せになれるということが、はたしてありうるのでしょうか。

結論から言うと、そのエネルギーで、子供が幸せになれるはずがありません。子供からすると、もらい得のようで、実は損をしています。

親が子供に残すべきなのは、教育や経験や環境であり、お金ではないのです。

さて、少し話がそれてしまいましたが、では、潜在意識の観点から見ると、あなたはどのように仕事に取り組み、お金を稼げばいいのでしょうか。

「なぜ、こんなに頑張っているのに、うまくいかないのだろう……」

おそらく、多くの人がそのように感じていらっしゃるのではないでしょうか。

なぜ、仕事で頑張っても、うまくいかないのか。

その理由を、「教授になれる人」と「教授になれない人」を例に、説明したいと思います。

医者には、主に2つのタイプがいます。

ひとつは、目の前の仕事に一生懸命取り組み、技術を磨きながら、「いつかは教授になりたいな」と思っているタイプ。

もうひとつは、「自分はこういう医者になりたい」というミッションやビジョンを持ち、明確な目標を持って、それを日々の仕事に落とし込むタイプです。

日々の仕事に一生懸命に取り組んでいるのは、前者も後者も同じですが、残念ながら、教授になれるのは、後者のタイプだけです。

なぜ、前者のタイプは、一生懸命頑張っているのにもかかわらず、教授になれないのでしょうか。

教授になる人は、「どういう論文を、何歳までに書かなければならない」という明確な目標を持っています。

たとえば、海外論文何編、国内論文何編、そして、臨床症例ケース何編といった具合にです。

それを考えた上で、教授戦に臨む。だから、教授になれるのです。

一方、たいていの人は、そこまで考えていません。大学から地方に派遣され、「認定医は取りたいな」という程度です。

気がついたら、日々の仕事に追われ、論文を書いていない……。英語も不得意……。

これでは、教授になることはできません。

日々の仕事を頑張っているのは同じでも、明確な目標を持っているか否かで、ここまで差ができてしまうのです。

医者は、医療に関する技術を教えられることはあっても、「ミッションやビジョンを明確にし、将来なりたい姿に対して、今取るべき行動をしなくてはいけない」といった教えを受けることはありません。

だからこそ、一握りの人間だけが教授となるのですが、これは一般の社会でも同じだと言えます。

潜在意識を使いこなす人は、明確なミッションやビジョンを持ち、それに向けて緻密に行動します。そして、成功者となり、お金持ちとなり、人々の尊敬を受け、幸せな人生を送ります。

一方、潜在意識をムダにする人は、「一生懸命やっていれば、なんとかなる」という言葉を信じ、ひたすら目の前の仕事に取り組みます。

結果、残念ながら、成功者にはなれないのです。

ただ頑張るのではなく、緻密な計画を元に、目の前の仕事に取り組んでください。

期限を設定しなければ潜在意識は働かない

6

使いこなす人は、この観点から自分を差別化する

ムダにする人は、今までの経験から自分を差別化する

人生は人と同じことをやっていたら、同じ結果しか出せません。

ですから、仕事においても、人といかに差別化するかという点が、とても大事になってきます。

ただし、ここで注意点があります。「差別化」といっても、ただ人と違うことをやればいいかというと、そんなに単純ではありません。

その点も、潜在意識の観点から見れば、「どういう方向に差別化すればいいのか」がわかるはずです。

ここでは「仕事の差別化」について、具体例で考えてみましょう。

たとえば、あなたが歯科医院を経営していたとします。

現在の日本では、コンビニの店数の約2倍の歯科医院があり、東京などの都市部では、2日に1軒の割合で歯科医院が倒産していると言われています。

そんな中、あなたはほかの歯科医院と、どのような差別化をして生き残りを図りますか?

ここで多くの人が考えるのは、おそらく深夜に診療することだと思います。

もし、あなたがサラリーマンであれば、経験があるかもしれませんが、会社の営業時間と歯科医院の診療時間というのは、だいたい重なっています。

サラリーマンの場合、いざ虫歯になっても、なかなか歯医者さんに行けないというのが実情ではないでしょうか。

そんなとき、「深夜に診療をしている歯医者さんがあればいいのに」と思ったことがある人も、少なくないと思います。

そうした自身の経験から、「時間をズラす」という差別化の方向性を打ち出すのであれば、その感覚はよく理解できます。

しかし、この差別化の方向に関して、私はあまり良くないと考えます。

なぜ、そのように考えるのかと言えば、**私がすべてを「潜在意識」という観点で眺めているから**です。

たとえば、深夜に来るお客さんというのは、どんな患者さんなのかを考えてみてください。深夜に歯科医院に来る患者さんはどんな状態でしょうか？

たとえば、優秀なビジネスパーソンというのは、たいてい自分で時間を管理できますから、昼間の通院も全く問題ありません。そして、こうした人たちは、概して「エネルギーの高い人たち」です。

一方、深夜に来る患者さんというのは、仕事を終えた後なので疲れが溜まっていてエネルギーが下がっています。

つまり、深夜に診療をするということは、エネルギーが低くなっている人を治療するということであり、治療でトラブルが起こる可能性があります。

さらに、スタッフにも深夜手当を付けなければなりませんから、おそらく利益も圧迫されることでしょう。仮に1000億円の売り上げを上げても、利益が100万円では意味がありません。はっきり言ってしまうと、深夜診療をしても、あまり良いことがないのです。

そのような観点で考えてみると、あなたが仕事で「どのように差別化を図ればいいのか」というのも、見えてくるのではないでしょうか。

潜在意識を使いこなす人は、潜在意識の観点から、差別化を図ります。

一方、潜在意識をムダにする人は、自らの経験やカンに頼って、差別化を図ります。結果、方向性を誤ってしまうのです。

仕事の差別化も、「エネルギー」という観点から眺めることが大切です。

単純に人と違うことをやるだけでは、差別化にならない

7

使いこなす人は、「ゾーンに入る技術」を持っている
ムダにする人は、「ぐずぐずグセ」を持っている

「井上先生。どうすれば、フローになれるのでしょうか?」

そうした質問を受けることがよくあるのですが、フローになるために大切なこととは、いったい何でしょうか。そもそも、フローとはいったい何なのでしょうか。

簡単に説明をすると、フローとは**「極限まで集中力が高まった状態」**のことを指します。

スポーツの世界では、これを「ゾーン」とも表現します。

野球選手の場合、ゾーンに入ると、「バッターボックスでボールが止まって見える」といった現象が起こりますが、極限まで集中力を高めることによって、普段自分が持っ

ている実力以上の力を発揮できる。

これが、いわゆる「フロー」です。

起業家であり、ジャーナリストでもあるスティーヴン・コトラーは著書『超人の秘密～エクストリームスポーツとフロー体験～』（早川書房刊／熊谷玲美訳）で、フローについて、次のように述べています。

「実はたいていの人は、少なくとも一時的にはフロー状態に入った経験があるはずだ。会話が弾んで、いつのまにか夕方になっていたり、仕事のプロジェクトに夢中になるあまり、ほかの一切を忘れてしまったりしたことがあれば、フローを少し経験したことになる。

フロー状態では、目の前の作業への集中が高まり、それ以外のことはどこかに行ってしまう。行為と意識がひとつになる。時間が飛ぶように過ぎる。自己意識が消え去る。そしてパフォーマンスは天井知らずに高まる。この体験が『フロー』と呼ばれるのは、その最中には流れ（フロー）のような感覚を経験するからだ。

フロー状態にあると、ひとつの行為や決断が、次の行為や決断へと、やすやすと流れるように切れ目なくつながっていく。フローにある人はものすごい勢いで問題解決をおこないつつ、極限のパフォーマンスの川に押し流されていくのだ」

では、どうすれば、コトラーの言う「フローの状態」に入ることができるのでしょうか。

私はそのために必要なのが、ミッションやビジョンであると考えています。

ミッションやビジョンを持ち、それに対する目標が明確になっていれば、ゴールの達成に必要なプロセス、つまり、自分が日々やるべきことに対して緻密に、しかも一心不乱に取り組むことができるようになります。フローに入るための出発点も、実は、ミッションやビジョンなのです。

また、コトラーは、フローに入るための条件として、「明確な目標を持つことの重要性」を説きました。

明確な目標は、明確なミッション、そしてビジョンから導き出されたものでなければなりません。

だからこそ、私は**「フローに入るために重要なのは、ミッションであり、ビジョンである」**と考えているのです。

潜在意識を使いこなす人は、常にフローの状態で仕事をしています。

だからこそ、通常の何倍ものスピードで、しかも圧倒的な結果を出すことができます。

これに対し、潜在意識をムダにする人は、なかなか目の前の仕事に集中できません。

「やらなければならない」とわかっているときほど、テレビを観てしまったり、マンガを読んでしまったりして、ムダな時間を過ごします。

基本的に追いつめられないと仕事ができないため、仮に結果が出たとしても、結果を出すまでに時間がかかってしまうのです。

ミッションやビジョンは、フローで仕事をするためにも、欠かせないのです。そのことを覚えておいてください。

フローの状態では信じられないパフォーマンスが発揮される

8

使いこなす人は、本気度を高め、仕事の質とスピードを上げる
ムダにする人は、仕事を作業にして調子を下げる

「仕事がなかなかはかどらない」
「なかなか集中できない」
「今日は、調子が乗らないな」

仕事をしていれば、こういったことは誰にでも頻繁に起こります。しかし、このような状況でも、しっかり自分の仕事をしなければ、社会人としての責任を果たすことができません。

先ほど「フロー」についてお話をしましたが、仕事の質とスピードは、集中力にかかっているといっても過言ではありません。

なぜ、大切な仕事に邁進《まいしん》できないのか――。

その理由は、**あなたの仕事に対する本気度が高まっていない**からです。本気度が低ければ、集中力も高まらないのです。

人は、本気で打ち込むときこそに、仕事の質とスピードが上がります。

本気度を高める秘訣は、やらなければならない仕事を〝少し難しくする〟ことです。

実は、こうすることで、仕事の質とスピードはどんどん上がります。

多くの人が、仕事がルーティンになっており、ただ漫然とそれをこなすということを日々やっています。つまり、仕事が作業になっているのです。

与えられた仕事をこなすだけでは、当然、仕事にワクワク感を持つことができません。

「これをやりたい！」という強い意志と、ワクワク感から生まれる行動がなければ、いい仕事はできません。

やらされ感をいだいていれば、仕事に向かうエネルギーも下がってしまいます。そうすると、潜在意識もしっかりと働いてくれないのです。

気が乗らない仕事が目の前に現れたら、こなすのではなく、一工夫し、「少し難しい結果を出す」ことを目指してみてください。

たとえば、プレゼンテーションの資料作成を行なうのなら、質とスピードにこだわってみるのです。

人の視覚にうったえる資料をつくってみてください。そうすれば、脳科学などの研究結果などを探して、どういったものが視覚から脳に刺激を与えるのか、などを考えることになります。

また、「通常だと1時間くらいかかるけど、今日は30分でやってみよう」とゲーム的要素を加えて、時間を設定してみるのです。そうすると、仕事の進め方も緻密に考えるようになります。

私の事例で考えてみましょう。

私は時々、2日で10～12人の手術を行なうことがあります。実は、こういった仕事ほど、質、スピードともに高まり、完璧な手術ができるという現実があります。多くの人は、逆のように感じるでしょう。

限られた時間で多くの手術を行なうとなると、質が落ちると考えるはずです。

しかし、「これは難しいぞ」と感じる仕事のときほど、潜在意識が働き、いい仕事ができるのです。

特に難しい症例や、海外からいらっしゃる患者さんの場合には、より手術の流れを緻密に計画しますし、入念に手術のイメージトレーニングを行ないます。

さらに、時間的制限があるので、信じられないほど高い集中力を発揮することができるのです。

また、こうしたときほど、本当に潜在意識の働きを強く感じます。とっさの判断のレベルが非常に高まるのです。

そして、2日で10～12人以上の手術を完璧にこなしたとき、私は患者さんの幸せな人生を想像し、満足感を得るのです。難しいことを完璧にこなしたときには、自己評価も高まるのです。

そうすると、さらに潜在意識は働き、次の挑戦へ活力もわいてきます。

このように、自分の仕事の基準を高めれば本気度も高まり、仕事の成果を出すことができます。潜在意識もうまく働いてくれるのです。

少し難しいことをするときにこそ、潜在意識が働き、完璧な仕事ができる

9

使いこなす人は、「PDCAサイクル」を回して能力を上げる
ムダにする人は、「PDサイクル」を回して能力を下げる

私は、緻密な計画と行動が大切だと考えています。

そこで、大事なことがPDCAサイクルを回すということです。これを回すことで、私は欲しい結果を得てきました。

ここで、「PDCAサイクルとはなんなのか」ということを簡単にご説明します。

PDCAとは、「P＝PLAN（計画）」「D＝DO（実行）」「C＝CHECK（評価）」「A＝ACT（改善）」のことで、このサイクルを回すことで、より良い結果を生むことができます。

単純に言えば、計画を立てて、実行し、その成果を客観的に見直して、必要なことを学習し、改善を行なう、ということです。

私がとても残念に思っているのは、多くの人がP→Dを繰り返し、結果を出すことができないということです。

計画し、実行して終わり。これでは、潜在意識はなかなか働くことができません。わかっておかなければならないのは、Dは思惑通りにはいかないことが多いということです。計画通りに物事が進むことはなかなかありません。計画通りにいかないことを改善して、さらなる行動を積み重ねることで、結果は手に入るものなのです。「こうすればできる！」という意識がなければ、仕事を前向きに捉え、行動することができません。

だからこそ、C→Aが必要になってくるわけです。

一度、計画を実行してみて、成果を評価し、足りないことを学び、改善を行ない突き進むことで、自分の中で確信を持って仕事をすることもできます。自信を持って行動するときにこそ、エネルギーが高まり、潜在意識がより働くのです。

P→Dを繰り返し、潜在意識をムダにしていませんか。潜在意識が十分に発揮される前の段階で終わってしまっては、もったいないとしか言いようがありません。

結果を出せないスパイラルにハマってしまえば、やる気や行動力を下げてしまいます。最悪の場合、「自分はダメ人間なのではないか」と自己評価を下げる人までいます。こうなると、潜在意識はマイナスの方向に動き出すことになります。

ＰＤＣＡサイクルを回し、確信を持って突き進んでください。そうすることで、潜在意識はあなたの味方になってくれるのです。

能力を最大限に発揮し、仕事の質を格段に上げるために、ＰＤＣＡサイクルを回すことを忘れないでください。

フレームワークを使い、確信を持って仕事に向かう

10

使いこなす人は、潜在意識を入れ替えて成功する
ムダにする人は、過去の材料を使いながら成功しようとする

本章の最後に「成功する人になるための秘訣」についてお話しします。

仮説になりますが、私自身、自分で実践をしてみて、成功の速度がますます加速したと感じているため、ここでご紹介します。

「潜在意識は知識の貯蔵庫である」という話をさせていただきましたが、その事実に気づいたとき、私の中であるひとつの仮説が思い浮かびました。

「成功する人になりたければ、無意識の選択と行動が、成功に向くようにすればいい。

だったら**世界中の成功哲学を学び、自分の潜在意識に入れることで、潜在意識を1回リセットすれば、自分は成功する人間にしかならないのではないか?」**

どういうことか少しわかりにくいかもしれませんので、具体例を使って説明しましょう。

たとえば、ここに1杯のコップの水があるとします。そして、この中に赤いインクを1滴たらすとします。

「朱に交われば赤くなる」ということわざにある通り、コップに赤いインクをたらせば、たった1滴でも、水全体が赤くなってしまいます。

では、この水を、元の透明な水に戻すためには、いったいどうすればいいでしょうか?

そうです。新しい水をどんどん注いでいくしかありません。

新しい水を注ぐことで、赤いインクを徐々に外に押し出すのが、シンプル、かつ一番実践しやすい方法だと思います。

現在のあなたの発言、しぐさ、行動、無意識の選択などは、過去に潜在意識に積み上げられた情報や知識によってなされています。

ですから、もし未来において、現在とは違う結果を出したいのであれば、潜在意識に積み上げられた情報や知識を、しっかり見直さなければなりません。

方法としては主に2つあって、ひとつは「未来の自分のなりたい姿」に対して、必要なものとそうでないものを振り分けていく方法。

もうひとつは、**すべてを入れ替えて、いったんリセットしてしまう方法**です。

私自身は1回リセットをして、自分のミッションやビジョンに直結する情報収集をしたほうが早いと思い、後者を選択しました。

「成功するために必要なのは過去ではなく、成功するために必要な情報を入れることだ。自分の素材をすべて入れ替えれば、自分の発言、しぐさ、行動、無意識の選択も含めて、成功する人にしかならない」

そのように感じたため、「日本で一番理想的な医師になる」という自分のミッションを明確にした上で、世界中の自己啓発プログラム、古典、成功している経営者のDVDなど、ありとあらゆる「一流の知識」を吸収しました。

出張をしているときでも、ホテルでは必ず自己啓発書を読んだり、マーフィーやナポレオン・ヒルのテープを聴いたりしていました。

ニューヨークやサンパウロでも、観光などは一切せず、ホテルにこもりきりで、そうした作業を続けたのです。

その結果、私は自分の成長速度が、ますます加速したと感じています。

こうした作業を実践するかどうかは、あなた次第ですが、いずれにしても、まずはミッションやビジョンを持つこと。

そして、それに沿った情報収集を行なうことが大切です。

コップの水を入れ替えることで成長を加速させる

Essence 4

◆お金に意味付けをしているのは〝自分自身〟だと気づくことがスタート

◆「お金が欲しい」と決めている人のところにしか、お金は来てくれない

◆質の良い情報によって潜在意識は活性化され、プラスのスパイラルを生む

◆潜在意識の観点から判断すれば、「生き金」と「死に金」は簡単に見極められる

◆本気度を高めるコツを知れば、パフォーマンスは最大限に発揮される

◆フロー状態をつくることで、仕事の質とスピードはどんどん上がる

◆過去の潜在意識は、一度入れ替えることが得策

第5章

アファメーションで自分を100％信じる【過去を断ち切る】

折れない心をつくる言葉とは？

1

潜在意識を使いこなす人は、アファメーションで過去を書き換える

ムダにする人は、〝危機管理的ログセ〟で過去にとらわれる

先にイチロー選手の話をしましたが、ミッションとビジョンを持ち、目標を明確にしたとしても、人生には紆余曲折があります。自分では予期せぬことが起こることもあるでしょう。

しかし、そんなときでも、私自身は潜在意識を１００％信じているため、動じることがありません。

「潜在意識にとって、悪いことは一切していない」

そうした自信があるため、私は**「自分にとって悪いことが起こるはずがない」**と確信しています。

だからこそ、未来に対しては、確信しかありません。

仮に一見、自分にとって不都合なことが起こったとしても、「潜在意識が学びとして与えてくれた出来事なのだろう」と前向きに捉えることができます。

人間というのは面白いもので、うまくいけばいくほど、他人に対して傲慢《ごうまん》になったり、驕《おご》ってしまったりしがちです。

もし、あなたの人生に落とし穴があるとしたら、その落とし穴で「ダメだよ」と潜在意識が気づかせてくれているわけです。

そのときに、「自分はなんて不運なんだ……」と嘆くのではなく、「なぜ、こうしたことが起こったのか」と原因を考え、現状をより良くするための方法を考えることが大切です。

さて、先ほど私は「潜在意識にとって、悪いことは一切していない」という話をしましたが、では「潜在意識にとって悪いこと」というのはいったいなんなのでしょうか。

本章では「言葉」という観点から、「潜在意識にとって良い言葉、悪い言葉とは何か」という点について、考えていきたいと思います。まずは、言葉についてです。


自己啓発の本などを読むと、成功のための言葉として、「アファメーション」の重要性がよく語られます。

「アファメーション」とは、簡単に言うと、「言葉を用いた自己暗示法」です。

その役割は、ミッションやビジョンを成し遂げていくための「自分の思い」を、より強固なものにすることです。


もし、今、あなたが潜在意識をうまく活用できていないとしたら、まずは「自分のダメな過去」を断ち切らなければなりません。

では、どのようにすれば、過去を断ち切れるのでしょうか。

その方法は、私は主に3つあると考えています。

ひとつ目は、**ミッションやビジョンを持ち、それに沿った情報を集中的に潜在意識に取り入れていくこと**です。

先にお話ししましたが、赤いインクをたらした水を元の透明な水に戻すためには、どんどん新しい水を入れていくしかありません。

ミッションやビジョンに沿った情報を入れていくことで、過去を断ち切ることが可能になります。

2つ目は、**ミッションやビジョンに対して、比較的小さな目標をつくり、それを成功させること**です。

潜在意識をムダにする人は、過去の失敗の経験から、「自分はダメな人間だ……」と思い込んでいることが多いのですが、小さな成功体験を続けることで、「負の思い込み」を打ち消すことが可能になります。

「大きな目標を持つことの大切さ」について述べましたが、それとは別に「小さな目標」をつくり、それをひとつずつ成功させていくことも、潜在意識を活かすためには大切です。

そして、3つ目が**「アファメーション」**です。

新たなミッションやビジョンを持ち、それに向かっていったとしても、過去の経験から「本当に自分にできるのだろうか……」とか、「失敗したらどうしよう……」といったマイナス思考が、必ず頭をよぎることでしょう。

そうした過去にとらわれたマイナス思考を自分の中から締め出し、プラス思考に書き換えていく役割を果たすのが「アファメーション」です。

アファメーションを持つことは、自己実現のための必須条件と言っても、過言ではありません。

「過去を断ち切る方法は3つあるとのことですが、これはひとつだけ実践すればいいのでしょうか？　それとも、3つとも実践しなければダメなのでしょうか？」

セミナーなどで、そのような質問を受けることも多いのですが、私の答えは「結果を出すために使えるものは、全部使いましょう」ということです。

利用できるものがあるのであれば、利用しない手はありません。

厳しい言い方かもしれませんが、「中途半端は答えを生まない」という事実を知ってほしいと思います。

潜在意識を使いこなす人は、ミッションやビジョンを持ち、小さな成功体験を重ねながら、アファメーションを駆使して、成功します。

一方、潜在意識をムダにする人は、たいていの場合、ミッションやビジョンだけでなく、アファメーションも持っていません。

だからこそ、うまくいかないのです。

「自分にとって悪いことが起こるはずがない」と確信しよう

2

使いこなす人は、"つつある"という言葉を使う
ムダにする人は、"なった"という言葉を使う

成功者はどのようなアファメーションを唱えているのでしょうか。

意図を明確に持ち、フォーカスされていなければ、アファメーションを唱える意味がなくなってしまいます。

ここでは、まずアファメーションをつくる際の「基本原則」について、いくつか述べたいと思います。

たとえば、あなたがお金持ちになりたいとしましょう。

この場合、あなたはどんなアファメーションを用いればいいのでしょうか。

巷の自己啓発書によく書いてあるのは、「すでに実現した形でアファメーションを唱えなさい」ということです。

つまり、現在形で「私はお金持ちだ」とか、過去形で「私はお金持ちになった」という具合です。

はたして、これらは本当に有効なのでしょうか。

現在形や過去形のアファメーションが良くないのは、否定する気持ちが出てきてしまう点です。

たとえば、「私はお金持ちだ」「私はお金持ちになった」といった言葉をいくら唱えても、心のどこかで**「そうは言っても、本当は全然お金持ちじゃないんだよな……」**という気持ちがわいてきてしまうはずです。

これでは、アファメーションの意味がありません。

なぜなら、アファメーションの役割は、「否定する気持ち」を打ち消すことだからです。

同様に、**願望や意気込みをこめるのも、あまり良くありません。**

たとえば、「お金持ちになりたい」とか「お金持ちになるぞ」といった具合です。

なぜなら、これらのメッセージを使うと、「今、お金持ちではない」というマイナスの暗示が心の中に入ってきてしまうからです。

ではいったい、どういう言葉の使い方をすればいいのでしょうか？

私がオススメするのは、現在進行形で「私はお金持ちになり〝つつある〟」という言葉を使うことです。

この形であれば、「今はお金持ちじゃない」ということを認めつつも、「お金持ちに向かって進んでいるんだ」というプラスのメッセージを、すんなりと心に届けることができます。

もしくは、願望に〝より〟という言葉を付けてもいいでしょう。たとえば、「私は〝より〟お金持ちになる」といった具合です。

この形であれば、「今よりさらにお金持ちになる」といったプラスのメッセージになります。

このように潜在意識に対する言葉遣いというのは、実に繊細で、細心の注意を払わなければならないものなのです。

ちなみに、「大島淳一」というペンネームで、マーフィーや潜在意識に関する著作を数多く書いていらっしゃる渡部昇一先生は、著書『渡部昇一「マーフィーの成功法則」』（マキノ出版刊）で、「お金に関するアファメーション」を、次のように書いています。

その一部を紹介させていただきます。

「私は、昼も、夜も、私の関係のある分野で、今このときも繁栄させられようとしています」

「私は、今まさにお金持ちになりつつあります。私の富に対して、私は、感謝します」

いかがでしょうか？

「繁栄させられようとしている」「お金持ちになりつつある」といった形で、現在進行形を使っていることがおわかりいただけるのではないでしょうか。

潜在意識を使いこなす人のアファメーションは、現在進行形です。

これに対し、潜在意識をムダにする人のアファメーションは現在形、もしくは過去形でつくられています。

もしも、あなたのアファメーションが**現在形**、もしくは**過去形**だとしたら、まずはそれを**現在進行形**に変えてみてください。

「井上先生。アファメーションは、どれくらいの頻度《ひんど》で言えばいいのでしょうか？」

よくそうした質問を受けるのですが、私の答えは、「その質問をしている間に、1回でもいいから、アファメーションを唱えなさい」ということです。

多くの人が、「現状を変えたい」と思いつつも、心のどこかで「変わりたくない」と思っています。

だからこそ、心にブレーキがかかり、そうした質問が出るのです。

まずは「何回」とか「いつ」とか、そうしたことは考えず、アファメーションを唱えてみてください。

また、「アファメーションを声に出すのは、恥ずかしい……」といった声もよく聞かれます。成功に向けて、ガツガツしている自分を見られるのが恥ずかしいということなのでしょう。

ですが、アファメーションは本来、他人に聞かせるべきものではなく、あくまでも自己暗示の手段にすぎません。

基本的にアファメーションはひとりのときに行なうべきです。

もし、誰かにアファメーションを聞かれても気にしないことです。本当に恥ずかしいのは、「アファメーションを唱えること」ではなく、「人生において結果を出せないこと」です。

遠慮することなく、アファメーションを堂々と唱えてください。

「過去形」や「現在形」のアファメーションは使わない

3

使いこなす人は、〝私だけに〟を使う
ムダにする人は、〝世の中のために〟を使う

さて、基本原則を押さえた上で、アファメーションのつくり方について、もう少し掘り下げてみましょう。

「アファメーションというのは、自分でつくったほうがいいのでしょうか？」

そのように聞かれることがありますが、基本的には自分でつくったアファメーションを持つべきだと思います。

ただし、ここで注意しなければならないのは、現在の自分の言葉でつくったアファ

メーションというのは、必ずしも知性レベルが高いとは言えないかもしれないということです。

もちろん、自分でアファメーションをつくれば、あなたの「思い」がこもった言葉にはなるため、「自分を鼓舞《こぶ》する」という点では有効かもしれません。

しかし、言葉自体のエネルギーという点で言うと、あまり高いものにならない可能性があります。

これに対し、一流の人が提示する言葉というのは、エネルギーに満ちています。

ですから、**最初のうちは自分のミッションに照らし合わせて、そうした人が使っているアファメーションを使用してもいい**でしょう。

たとえば、自分の業界、もしくは、自分が目指す業界で成功している人がいれば、その人の言葉の中で「自分に響く言葉」を選べばいいのです。

そして、慣れてきたら、どんどんブラッシュアップしていきましょう。

あなたが成長していくと、今使っている言葉に対して、何も感じなくなったり、以前は何も感じなかった言葉に、魅力を感じたりするようになります。

アファメーションは一カ所に留まるものではなく、常に磨き続けていくことが重要です。

さて、以上を踏まえた上で、私が普段、使用しているアファメーションをひとつご紹介しましょう。

「天地宇宙の力は、私の夢や目標をすべて叶えるために、私だけに注がれている」

このアファメーションのポイントは2つあって、ひとつは記憶できるくらいの長さであること。アファメーションは寝起きでも、すぐに言えるくらいが理想的です。

そしてもうひとつが、一見、傲慢に見えるかもしれませんが、「私だけに注がれている」という言葉を使っている点です。

よく言われるのは、「あなたの願いが叶わないのは、自分のことばかりを考えているからだ。たとえば、世の中の恵まれない人たちを助けるためにお金持ちになりたいと思えば、願いは叶う」ということですが、これは間違っています。

なぜなら、人間の欲求には、必ず段階があるからです。

これは、心理学者のマズローが提示した「欲求五段階説」です。

人間の欲求はまず**「生理的欲求」**、つまり、衣食住に関することから始まり、次に**「安全の欲求」**で不安からの解放を求めます。これらは、生命を維持するための「最低限の欲求」と言えるでしょう。

これらが満たされると、次に**「社会的欲求」**で社会的所属や愛情を求めます。たとえば、「いい会社に勤めたい」「結婚して家庭を持ちたい」といった、「より良く生きたい」という欲求です。

これをクリアすると、次は**「承認の欲求」**に進みます。名誉欲や金銭欲などは、ここに含まれます。

そして、最後に**「自己実現の欲求」**です。ここに進むと、名誉やお金とは別のところで動くようになります。言い換えれば、「自分の得意分野で世の中に貢献したい欲求」とも言えるでしょう。

さて、ここまでをご理解いただければ、なぜ、世の中への貢献を先に考えるとダメなのか、おわかりいただけるのではないでしょうか。

自分が満たされないうちに世の中への貢献を考えても、全然ワクワクしないと思いますが、それはマズローが提示した通り、世の中への貢献を含む「自己実現の欲求」が、名誉欲や金銭欲といった「承認の欲求」より上位にあるからです。

デビューしたてのボクサーが、いきなりチャンピオンとは戦えないのと同じで、あなたの欲求も、ひとつずつレベルをクリアしていかなければならないのです。

潜在意識を使いこなす人は、まず自分自身を優先します。

一方、潜在意識をムダにする人は、他人や世の中を優先します。結果、うまくいかないのです。

アファメーションは、自分の中だけで使う言葉ですから、謙虚である必要はありません。だからこそ、傲慢かもしれませんが、初めのうちは「私だけに」といった言葉を使い、まずは自分自身を満たすことに専念してください。

自分の欲を追求すれば、最終的に〝世の中のため〟になることができる

4

使いこなす人は、イメージを一工夫して言葉にする
ムダにする人は、イメージをそのまま言葉にする

人間の脳はイメージと現実を区別できません。たとえば、レモンをイメージすると、唾液が出てきますが、これは脳がイメージと現実を区別できない証拠です。

そして、人は知らず知らずのうちに、マイナス思考で生きています。

人間が生存を図るためには、危険を避けることが第一ですから、これはやむを得ません。しかし、脳がイメージと現実を区別できない以上、「できない」「難しい」「自分はダメな人間だ」といったマイナス思考をそのまま放っておくと、成功のイメージが持てなくなり、結果、イメージ通りに失敗してしまいます。

だからこそ、マイナス思考を持たないことが大切です。

そして、そのために必要なのが、マイナスの言葉を使わないことなのです。潜在意識を使いこなす人は、決して「マイナスの言葉」を使いません。

たとえば、世間では「成功のためのリスク」と言いますが、私は日常生活で「リスク」という言葉を使いません。**リスクではなく、「成功するための要因」**です。リスクは悪いことですが、成功するための要因と考えれば、悪くありません。

そこまで考えて、言葉を使っているのです。

脳は「イメージと現実」を区別できないと知っておこう

また、脳は「自分と他人の区別ができない」とも言われています。

たとえば「あいつはダメな奴だ」などと言ったりすると、それはそのまま自分に跳ね返ってきて、「自分はダメな奴だ」というイメージに変わってしまいます。

だからこそ、他人の悪口を言うことは避けなければなりません。他人がどうこうではなく、自分自身が変わることが大切です。

5

使いこなす人は、アファメーションに「肯定的な言葉」を使う

ムダにする人は、「否定的な言葉」を使う

先に述べましたが、アファメーションをつくる上で大切なことは、否定的な言葉を使わないということです。マイナスの言葉は、置き換える必要があります。

たとえば、「私は今まさに、お金がない状況を抜け出しつつある」というアファメーションはあまり良くありません。「お金がない状況」というのは否定的な言葉だからです。

これは、お金がないという現状を心に強く印象付けてしまうからです。これでは、「私は稼ぐ能力がない」と自分の評価を下げることにつながってしまいます。

自己評価が低ければ、当然、潜在意識はうまく働いてくれません。

「私は今まさに、お金がない状況を抜け出しつつある」というアファメーションは、肯定的なものにつくり変えなければなりません。

たとえば、「私は今まさに、満足できる年収を得つつある」とします。これなら、必要なお金を稼ぎ出す力があるというセルフイメージがつくられます。

リスクヘッジをするような言葉や、現状維持を意味するような言葉は使わないことです。特に、現状維持の言葉を入れれば、それはもはやアファメーションではなくなってしまいます。制限のない言葉の世界で遠慮をしていたら、自分の評価を100％無条件で高める世界はなくなってしまいます。

たとえば、ボクシングの試合に挑むときに、負けないようにするとか、判定で勝てればいいとするよりも、必ずKOで勝つとしたほうが、エネルギーが高まるはずです。

より強烈で、インパクトのある言葉で、アファメーションはつくっていきましょう。

より強烈で、よりインパクトのある言葉を使い、自分を奮い立たせる

6

使いこなす人は、カテゴリー別のアファメーションを持つ
ムダにする人は、ひとつのアファメーションしか持たない

アファメーションは、自分に必要なカテゴリーで各々持っておいたほうがいいでしょう。仕事、お金、人間関係、健康、家族……など、あなたにとって重要なカテゴリーがあると思いますが、その各々で持っておいてください。

なぜなら、人生はひとつのカテゴリーで完結するわけではないからです。仕事だけ、お金だけで成功すればいい、というように考えるとうまくいきません。

たとえ、今、仕事で結果を出しても、人間関係がうまくいっていなければ、そこに時間を取られたり、ストレスで健康を損ねたりということが起こり、回り回って仕事

に影響が出てきて、将来的には結果が出せなくなってしまいます。

「二兎《にと》を追う者は一兎をも得ず」と言われますが、「一兎しか追わない者は一兎をも得ず」が私の持論です。**あなたはすべてを獲りにいっていいですし、それは可能なのです。**

コップの一カ所にヒビが入るだけで、水がすべて流れ出してしまうことと同じで、ひとつのカテゴリーがうまくいっていないと、ほかの部分を崩壊させ、人生はうまくいかなくなるものです。

不足がある人生を送れば、マイナスのエネルギーがあなたの中に溜まっていき、潜在意識はうまく働きません。持て余すくらいの人生を送るべきです。「持て余すくらいならないほうがいい」というのは、持ったことがない人が言うことです。**持って使うかどうかを判断すらしたことがない人の言うことを聞いていても、しかたがありません。**

人生の大きな目標達成につながるアファメーションを持ちつつ、さらに具体的にカテゴリー別で細分化したアファメーションを持つことです。

「一兎しか追わない者は、一兎をも得ず」と肝に銘じる

7

使いこなす人は、言葉に感情を乗せる
ムダにする人は、言葉をただ唱える

アファメーションを唱えるときには、感情をこめるべきです。

「知識の貯蔵庫」である潜在意識から引っ張り出しやすい情報は、やはり感情がこもっているものになります。

ワクワク感、幸福感などの強い感情が付いている情報は、引っ張り出しやすいものです。

だから、感情をこめるということで、アファメーションを自分の潜在意識の中に強く刻むようにしましょう。

そのためにも、**「私は○○になるべくしてなる」という感覚**を持ちながら唱えてください。

ただし、感情をこめるとは、「期待をこめる」ということではありません。

「過度の期待を自分にすると良くない」と言われますが、期待というのはその可能性がない人の言葉なので良くありません。

アファメーションというのは、ミッションを達成する過程で心に浮かぶ否定的な感情を打ち消すためのものでもあるので、期待するしないというものでもありません。


また、はじめのうちは、感情をこめることに加えて、体を使いながらアファメーションを唱えることもオススメです。

たとえば、ジャンプしながら空を見上げれば、暗い気分になりようがありません。

当然、明るい気持ちになるはずです。

ジャンプしながらアファメーションを唱えろとは言いませんが、背筋を丸めて唱えていても良くありません。

背筋を伸ばしてアファメーションを唱えてみてください。

また、開放的な場所や躍動感のある音楽を聴いて、気持ちを高めてからアファメーションを唱えることも有効です。

私は、いのうえ歯科医院のスタッフにもこの方法をすすめています。

体を使いながらアファメーションを唱えることで、彼らの人生の中で、その言葉一つひとつが体に染み込んで、壁を乗り越えるための助けとなっていると実感しています。

感情のついた情報は潜在意識にしっかりと刻み込まれる

8

使いこなす人は、セルフトークで自己評価を上げる
ムダにする人は、セルフトークで自己評価を下げる

人は生きているかぎり、心の中で常に自分自身に話しかけており、これをセルフトークと言います。セルフトークは、1日に何万回も行なわれると言われています。

ここで問題なのは、**セルフトークがプラスのトークだけではなく、マイナスのトークもしている**ということです。気をつけていない人は、マイナスのトークのほうがおそらく多いでしょう。

「また仕事でミスをしてしまった」「なぜ、こんな簡単なことができないんだろう」

……など、様々なマイナスのセルフトークをしています。

アファメーションをどんなに行なったとしても、このセルフトークで自己評価を下げていれば、意味がありません。

自己評価が低い人は、なかなか積極的になれません。「うまくいかないかもしれない」というイメージを常に持っているからです。

また、自己評価が低い人とつながりたいと思う人はあまりいません。

ネガティブに自分に語りかけるのをやめ、何事においても肯定的に自分を捉えるのです。

潜在意識は、あなたの命令に従います。肯定的なセルフトークができれば、目標を達成するための行動を生んでくれるのです。

ただ、これは難しいことではありません。気をつけていれば、次第にネガティブな言葉をポジティブな言葉に置き換えたり、使わないようになっていきます。

ネガティブな言葉を自分に投げかけていないか注意しよう！

Essence 5

◆アファメーションの絶対原則は、自己矛盾を強めないこと

◆現在進行形の言葉を心がける

◆言葉は「自分事」になっていなければ潜在意識に浸透しない

◆イメージは「プラスの言葉」で表現する

◆リスクヘッジをする言葉を使うと、アファメーションが弱まる

◆アファメーションは感情をこめて唱える

◆セルフトークは〝気をつけるだけ〟で改善できる

第6章

さらに潜在意識を使いこなすために

【秘策】

「環境」「身につける物」「持ち物」
「見た目」「体の管理」……
外的刺激からステージを引き上げる

1

潜在意識を使いこなす人は、外的刺激によって快適領域をズラす
ムダにする人は、現状から刺激を受け成長しようとする

潜在意識をさらに使いこなすには、「身を置く環境」「身につける物」「持ち物」「外見や体の管理」に気をつけることが大切です。

ここからは、潜在意識活用の上級者がやっていること、やらないことをお話ししていきます。

こう聞くと、「難しそうだな」と思われるかもしれませんが、一工夫でできることはたくさんあります。

やはり、場所や物、外見などの要素によって**影響を受けてしまうのが人間**です。

いい場所や物には高いエネルギーがやどっています。そういうものに触れると、影響を受け、新しい自分をつくり出すことができるのです。

場所や身につける物、外見や体にこだわらないということは、潜在意識の働きを低下させる考え方だと言わざるを得ません。

一流の人々が「何にこだわっているのか」を知ることが大切です。また、一流の場所や物にふさわしい自分になれれば、エネルギーは高まり、いろんなことにいい影響が出始めます。

評価が低い場所や物、外見でいいという考え方では、潜在意識をひとつ上のレベルで活用することはできません。

いいエネルギーを自分の中に取り込むという意味でも、「環境」「身につける物」「持ち物」「外見・体の管理」は大切ですので、今から話していくことをひとつでもいいから実行してみてください。

こだわりがない人は、潜在意識を磨けない

2

使いこなす人は、「エネルギーの質」で環境を選ぶ

ムダにする人は、雰囲気と安さで環境を選ぶ

「世の中の万物はエネルギーであり、潜在意識もエネルギーである。そして人生の大部分は、潜在意識が司っている」という点を理解できれば、「ただ何となく」で選んでいたあなたの「環境選択」は、おそらく見違えるほどに変わっていくことでしょう。

なぜなら、身につける物から住むところまで含めて、環境のすべてを「エネルギー」という観点で捉えられるようになるからです。

まずは「身だしなみ」について、考えてみましょう。

幼稚園や小学校の頃から、たいていの人は「身だしなみを良くしなさい」と教えら

れます。

その理由は「みっともないから」とか、「見ている人に不快感を与えるから」といったものですが、なぜ、だらしない身だしなみは、見ている人に不快感を与えるのでしょうか。

その点は、潜在意識の観点から見ると、よくわかるでしょう。

だらしない身だしなみというのは、あきらかにあなたのエネルギーを下げます。だからこそ、見る人に不快感を与えるのです。

私は人と会うときには、必ず自分のエネルギーを高める選択をします。

顔を洗い、整髪をして出かけます。少し明るめの服を着て、相手にさわやかな印象を与えるように心がけます。音楽を聴いて、モチベーションを上げます。姿勢を良くして、胸を張ります。

すべては自分自身のエネルギーを高めるためです。

また、私は普段からジムに通い、トレーニングを欠かしません。自己管理をすることは規律であり、**規律があるからこそ、物事の繊細さ、つまり、微差を感じ取ることができます。**

そして、微差を感じるということは、エネルギーを感じるということです。エネルギーを感じるためには、「体づくり」という基本が欠かせないのです。

このように考えていくと、潜在意識にとって良い「環境の選び方」も見えてくるのではないでしょうか。

たとえば、あなたがランチに行くとしましょう。

今話題の流行っているお店の前まで行きましたが、お店には大行列ができていました。隣を見ると、隣のお店はお客さんがまばらで、席も空いていました。

あなたは、どちらのお店を選択しますか？

このとき、間違っても「空いているお店」を選択してはいけません。なぜなら、お店が流行っていないということは、お店自体のエネルギーが低いだけでなく、出される食事もエネルギーが低いからです。

そんな食事を摂っていると、あなた自身のエネルギーも下げてしまいます。

「そんな細かいこと、どうでもいいんじゃないですか？」。本書を読んでいる中には、そのように思う人もいらっしゃることでしょう。

しかし、私自身はこの小さなこだわりこそが、大きな差を生むと考えています。

人生というのは、常に選択を迫られています。

一つひとつの選択は小さなものかもしれませんが、それが積み重なっていけば、やがて大きな差になります。

はっきり言って、「なんでもいい」「どうでもいい」というのが口グセの人は、絶対に自己実現できません。

小さな選択を軽んじることは、「自分は浅はかな人間である」と言っているようなものです。

だからこそ、小さな選択こそ軽んじない姿勢が大切です。そして、「環境が人をつくる」ということを、しっかりと自覚することが大切です。

そういう意味では、パワースポット巡りなどは、オススメだと言えるでしょう。なぜなら、エネルギーの高い環境に身を置くことは、あなた自身のエネルギーを高めることにつながるからです。

世界的企業が日本にオフィスを構えるときに、「エネルギー」という点に、ものすごくこだわっているということを、あなたはご存じでしょうか。

彼らは、たまたま空いているからといって、そこにオフィスを構えたりしません。必ずその場所のエネルギーが高いか、低いかを考えた上で、判断を下します。

これは、日本国内でも同じことが言えます。たとえば、皇居や首相官邸が、どこでもいいはずがありません。

これらは、いろいろな歴史的背景やエネルギーを考慮した上で、あの場所に存在しています。つまり、それぐらい、環境は大事なものなのです。

世の中のあらゆる存在について「なぜ、これには価値があるのか」と深く考える習慣を持ってください。価値ある存在を洞察する力をつけてください。

潜在意識を使いこなす人は、いかなるときも「エネルギー」という観点であらゆる選択をします。

一方、潜在意識をムダにする人は、その場の雰囲気で選択します。結果、エネルギーの低い服装や環境を選んでしまうのです。

大事なことなので、繰り返しますが、人をつくるのは「環境」です。

あなた自身は、「環境のエネルギーに調和した人にしかならない」ということを、肝に銘じてください。

「エネルギーが高いほうはどっち？」という視点を持つ

3

使いこなす人は、「未来の当然」を追求する
ムダにする人は、「今の当然」を大切にする

私は、東京に宿泊するときは、あるホテルを定宿としています。いろいろなホテルに泊まってみましたが、ここが一番潜在意識にいいと感じたからです。

日本人だけではなく、海外からも一流の人々が集まります。したがって、サービスも環境も素晴らしいのです。しかし、私も若い頃は、このホテルを定宿とすることはできませんでした。ただ、常に思っていたのは、「ここに泊まることがふさわしい、当たり前の人間になる」ということでした。

特に、取材や打ち合わせをするラウンジは気に入っています。天井が高く、景色も

素晴らしいのです。こういう場で行なう仕事は、クリエイティヴィティが高まります。

ここで一番注目してほしいのは、「ここがふさわしい人間になる」と考えていたことです。ここに泊まるということは、それなりの立ち居振る舞いも身につけておかなければなりませんし、収入も必要です。

そう考えると私は、**この環境と自分のレベルを合わせるために、あらゆるスキルを高めていった**としか思えないのです。潜在意識が導いてくれたと言えます。

「ここにいるのがふさわしい」「これを身につけるのがふさわしい」

こういったイメージをつくることができれば、そのために必要な様々な目標を達成していくことになるのです。

仕事もお金も人間関係も、充実した人生を私が送っているのは、このふさわしさを追求していたからだと今では感じています。

潜在意識は、必ずあなたを導いてくれる

4

使いこなす人は、「評価」と「歴史」で決める
ムダにする人は、「新しい」か「古いか」で決める

環境も物もこだわることが大事ですが、では「これはいい、これは悪い」という判断基準はなんなのでしょうか。

簡単に答えを言うと、**世界的に支持されている、歴史があるという2点**を押さえれば間違いありません。

高いレベルで評価され、長い間支持されているということは、一流の人々が価値があると認めたということだからです。

新しい物がいい、古い物がいいと、決めつけてしまう人がいますが、そう安易に考

えるのは良くありません。また、そのどちらがいいのか、と考えることにも意味はありません。

たとえば、ビジネスで考えると、四半期ごとの売り上げと、長期の売り上げは両方大事なはずです。

歴史というエネルギーも、時代というエネルギーも強力なのです。

この両方に触れることで、原理原則と時代を取り入れながら、飛躍していくためのエネルギーを吸収できるのです。

ぜひ、「評価」と「歴史」を見定める視点を持ってください。

「一流とはなんなのか？」をよく考えて選ぶ

5

使いこなす人は、〝エネルギーを吸収する〟ために物を身につける

ムダにする人は、〝不純な動機〟で物を身につける

あなたは「成功者」と聞いて、どのようなイメージを浮かべますか？

掃除しきれないぐらいの広い豪邸に住んでいるイメージでしょうか？

それとも、何千万円、時には何億円もする宝石やブランド品で身を固めているイメージでしょうか？

成功者の象徴として、多くの人のイメージで思い浮かぶのは、フェラーリに乗っていることではないかと思います。

フェラーリは1929年、エンツォ・フェラーリがレース仲間と創業した、イタリアに本社を置く自動車メーカーです。1台数千万円、数億円は当たり前で、時には数十億円を超えることもある、世界最高級のブランドとして知られています。

「フェラーリに乗っているということは、相当なお金持ちなんだな。さぞ、潜在意識を使いこなしているんだろうな」

そのように思われるかもしれませんが、フェラーリに乗っているからといって、その人が潜在意識を使いこなせているかと言えば、必ずしもそうとは言えません。

ビジネスによっては、1回の売り上げが数千万円ということもザラにあるため、最近は若くてもフェラーリに乗っている人が増えてきました。

それにつれて、「本当にフェラーリの価値がわかっているのかな」と疑問に思えるような人も増えてきているように感じます。

フェラーリのような高級ブランドは、「乗れること自体」が大切なのではなく、**「どのような意識で乗っているか」が重要**だと、私は考えています。

というのも、潜在意識という観点から見ると、たとえば、「フェラーリをかっ飛ばして、カッコ良く見られたい」といった形で、フェラーリをただの「贅沢」と捉えてしまうと、そのエネルギーは、かなり貧相なものになってしまいます。

そうではなくて、たとえば、**「世界のフェラーリの、ある意味オートクチュールなエネルギーを自分の中に取り入れたい」**といった崇高なレベルでのエネルギーの調和を考えられない人は、フェラーリに大金をつぎ込んだとしても、あまり意味がないでしょう。

もちろん、フェラーリに乗ること自体が悪いことだとは思いませんが、本来の価値やエネルギーを意識できなければ、潜在意識に良い働きかけをすることができません。

たとえば、私の病院では、最新のインプラントナビゲーションシステムを取り入れていますが、これがなければいのうえ歯科医院が成り立たないのかと言えば、決してそんなことはありません。

このシステムを取り入れなくても、手術は速くできますし、正確にできます。にもかかわらず、なぜ、最新の機器を取り入れるのでしょうか。

それは、時代の最先端のエネルギーと調和するためです。

さらには、最新の機器を導入することにより、「いのうえ歯科医院は最先端を走っている」というブランドイメージを確立することもできます。

そこまで考えるからこそ、はじめて高価な機器をわざわざ購入する意味が生まれるのです。

たとえば、手始めとして、あなたが身につける物を一点だけ、ブランド品に変えてみてはいかがでしょうか。いきなりすべてを変えることは難しいですが、一点でも変えれば、そこからブランド品が持つエネルギーを吸収できます。

もしブランド品を買うお金がなければ、お店に行って、そのエネルギーを受けるだけでもいいでしょう。いきなり全部変えることはできなくても、できるところから、少しずつ変えていくことが大切です。

ブランド品を「持つこと」でなく、ブランド品が持つ「エネルギー」に価値を感じよう

6

使いこなす人は、体をメンテナンスする
ムダにする人は、体に気を使わない

「外見」や「健康」など、体の状態に気を使うことは、潜在意識の活用にとって大切なことです。

人間は、「体が資本」であるということも忘れてはいけません。自己管理をすることを怠ってはいけないのです。先にも述べましたが、規律があるからこそ、繊細な変化に気づくことができます。微差を読み取れるということは、エネルギーの変化を感じられるということでもあるのです。

体の状態を良くして、エネルギーが高い状態を常に準備するようにしましょう。

私の場合は、ピラティスをやることによって、体を管理しています。

胸を開いて、肩甲骨を開いて、理想的な姿勢でいるということは、エネルギーを受ける状態が整っているということにほかなりません。体が丸まっていては、エネルギーを受け入れられません。

単純に、姿勢がいい人と悪い人を見るだけでも、やはり前者が見た目が綺麗だと思われるはずです。綺麗だなと思われるということは、いいエネルギーを他者から受けるということにもなります。また、魅力的に見えるので、あの人と接したい、あの人は別格だと思ってもらえるので、人を引き寄せます。

人からのいい感情を受けるためにも、体の状態は大切なのです。

たとえ、自己実現のための潜在意識の法則を知っていても、他者から負のエネルギーを受けてしまっては意味がないのです。

「体が資本」ということも忘れない

7

笑顔が習慣化されている使いこなす人は、

顔の表情を軽んじるムダにする人は、

潜在意識にとっては顔の表情も重要です。

笑顔は、プラスのエネルギーを生むからです。

潜在意識の中に、いいものが取り込まれるから、楽しいと感じるわけです。だから、いい表情が勝手に表に出てくるわけです。

私は、「いつも笑顔ですね」とよく言われます。

いいものしか取り込まないし、いい人しか近づいてこないし、物事に対してマイナスの捉え方をしないから、当然です。

さらに、人が喜ぶことをしてあげると決めているので、「感謝します」「嬉しいです」といった言葉を頻繁にかけられ、笑顔がとぎれることがないのです。

険しい顔をしていれば、人はあなたにいい印象も持ってくれません。苦手だな、嫌だな、気が合わなそうだな、と思われると、いい出会いが減りますし、いい人間関係も築けません。

結果として、物事がうまくいかなくなるので、自己嫌悪に陥り、マイナスのエネルギーが自分の中に溜まっていきます。

そう考えると、表情ひとつで潜在意識の働き方も変わってくるとわかるのではないでしょうか。

ぜひ、笑顔をつくる習慣をつくってみてください。

自己嫌悪は〝険しさ〟から生まれる

8

使いこなす人は、「変わる勇気」に快感をいだく
ムダにする人は、「変わらない心地よさ」を大事にする

ヤクルトスワローズを4度の優勝、3度の日本一に導いた名将として知られる野村克也氏は、ミーティングを重視する監督として知られていました。

なぜ、野村監督はミーティングを重視したのでしょうか。

それは、野村監督の中に「人間的成長なくして、技術的な進歩なし」という哲学があったからです。

そのことを、野村監督は『野村の「人生ノート」』（野村克也・野村克則著、日本文芸社刊）で、次のように書いています。

「人間教育の先にしか、個々の野球技術の向上はありえない。プロという高いレベルの戦いは、最後はそういった人間性がその選手の能力の差となってくることを、これまで私自身もこの世界でずっと見てきた。人間の『行動』とは、『思考』によって決まってくるものだ。

『思考』が変わってくれば、取り組み方も自然に変わってくる。私がよくミーティングなどで選手の前で引用する次のような言葉がある。『考え方が変われば行動が変わる。行動が変われば習慣が変わる。習慣が変われば人格が変わる。人格が変われば運命が変わる。運命が変われば人生が変わる』。

まさにこの言葉にある通り、選手たちの考え方、思考を変えるために、指導者は野球技術以外の人間教育もする必要があるのだ」

たとえば、高卒でプロ野球に入るような若者は、いわば野球の「超エリート」です。周囲からおだてられ、「自分ひとりでうまくなった」と勘違いしている人も少なくないかもしれません。

そんな人に、コーチがあれこれアドバイスをしたところで、本当にコーチの話を素直に聞くでしょうか。

また、プロ野球の世界では、どの球団にも約70人のメンバーが所属していますが、その中で1軍のレギュラーメンバーとして活躍できるのは、わずかに十数人です。レギュラーから漏れるメンバーのほうが多いわけで、チームの中には「なんであいつがレギュラーなんだ」とか、「監督は俺のことが嫌いなんじゃないか」といった不満が常に渦巻いています。

そうした不満を抑え、チームとして優勝に向かっていくためには、選手の人間教育が欠かせません。

だからこそ、野村監督はミーティングを重視し、そこに多くの時間を割いたのです。

こうした人間性の良し悪しが、結果の方向性を左右するというのは、何もプロ野球の世界だけの話ではありません。

野村監督が、「このような人生観や仕事観の部分は、何も野球に携わるものだけに当てはまることではない」と言っている通り、これは一般社会にもそのまま当てはまることではないでしょうか。

たとえば、私が潜在意識について講演をしていると、「それは違うと思います。A先生は、こうおっしゃっていました」と言ってくる人が、たまにいらっしゃいます。

私からすると、「では、A先生と私と、どちらのほうが潜在意識について社会的な評価を得ていますか」「なぜ、A先生だけを信じるのかな」と言いたいところですが、そこはグッと我慢します。

私自身は潜在意識の存在を100%信じていますが、その存在を信じるか、信じないかというのは、結局のところ、その人自身の問題だからです。

野村監督が書いている通り、やはり最後は**「人の話を素直に聞けるかどうか」**という人間性の問題になってくるのです。

そして、人間性は、私がどうこうできるものではなく、あなた自身で磨いてもらうしかありません。

たとえば、ある著名なベストセラー著者が、セミナーで次のように語っていたことが、とても印象的でした。

「私はあなたの人生が良くなるか、良くならないかということについては、あまり興味がないんですよ。私にできるのは、『今、あなたの人生はこんな感じですよ』と鏡で見せるように、見せてあげることだけです。そこからどうするかは、あなた次第ですから」

これはまさにその通りで、私は潜在意識の仕組みやその活用法について、教えてあげることはできます。

でも、そこからどうするかは、結局のところ、あなた次第です。素直な気持ちで実践してもらえなければ、それ以上、私にできることは、もう何もないのです。

潜在意識を使いこなす人は、**常に人間性を磨くことを意識し、高い人間力を持っています。**人の話を素直に聞き、変化することを厭《いと》いません。

一方、潜在意識を使いこなせない人は、変化することを嫌います。そして、あれやこれやと理由をつけて、結局は何も実践しません。結果、何ひとつうまくいかないのです。

体温が上がると、体が汗を出して、すぐに体温を下げようとするように、潜在意識も変化を嫌います。

しかし、そこを克服しなければ、人生は変わりません。

もしも、私の言うことに拒否反応があるならば、それは**「潜在意識が変化を嫌い、現状を維持しようとしているんだな」**と考えてみてください。

そのように考えれば、私の言うことも素直に聞くことができるようになるでしょう。

そして、それこそが、あなたの人間力を向上させることにつながるのです。

最後は、人間力の勝負である。このことを深く心に刻んでください。

最後は〝素直さ〟がカギ！

Essence 6

◆エネルギーの弱い場所には近づかない

◆「身につける物」「持つ物」の刺激から潜在意識を活性化させる

◆「ふさわしさ」で選ぶクセをつける

◆見た目、体の管理によって、受けるエネルギーの大きさと質が変わる

◆環境と物の選別は、見栄のためではなく、エネルギーを吸収するという意識で行なう

終 章

安心して進もう。
心配事は起こらない。

100%自分を信じていい！

ここまで本書を読んできたあなたは、もうすでに潜在意識の仕組みと使い方をしっかりと理解したと思います。

潜在意識の仕組みに逆らうことなく生きていれば、「あなたにとって悪いこと」は起こりようがありません。

「このまま突き進んでいいのか？」という迷いは、誰にでもわき上がります。

しかし、100%潜在意識の力を信じて、自分の選択と行動に確信を持って突き進んでください。

あなたには〝いい人〟しか近づいてこない

あなたが潜在意識を使いこなし始めると、あなたにとって大切な人、あなたの手助けをしてくれる人と自然とつながるようになります。

これは、あなたのエネルギーが高まるため、同等の高いエネルギーを持つ人を引き寄せるからです。

逆に言えば、エネルギーが低い人はあなたに近づいてこなくなります。

そう考えると、あなたは、いい人ばかりに囲まれて生きることになるのです。

何か問題が起こったときに、その人たちは必ずあなたの力になってくれます。

あなたの中に〝失敗という言葉〟は存在しない

成長を続けるあなたには、「この結果では満足できない」という感情がわき上がってくるかもしれません。

そんなときは、その結果の中からプラスの面を見つけてみてください。

あなたはすでに、潜在意識をプラスに働かせる力を持っています。

いわゆる失敗とは、成功のためのプロセスでしかないのです。達成のためのひとつの材料を得たと考えて、立ち止まることなく前進してください。

潜在意識はいつでも〝あなたの味方〟

潜在意識は、いつもあなたに自己実現させたいと考えています。

もし、今、あなたが自己実現できていないのであれば、それは潜在意識の仕組みと使い方をしっかり学んでいなかっただけです。

操り方を知ったあなたは、もう大丈夫です。

潜在意識の可能性を信じ、最大限に使い、ゴールまで導いてもらってください。

潜在意識は、あなたを光り輝く場所に到達させることができるのです。

あなたには上質な人生が約束されている

自分のミッションとビジョンを持ち、そのための知識をどんどん吸収していくあなたの人生は、充実したものとなっていきます。

人間の時間は有限です。

潜在意識を使いこなし、後悔しない人生を送りましょう。

あなたには、上質な人生が約束されているのです。

今、動き出そう

現状を飛び出し、ひとつ上のステージに身を置くと、一時的には居心地が悪いかもしれませんが、すぐにそれに慣れる力を持っているのが人間です。

本当にあなたにふさわしいステージで人生を謳歌《おうか》してください。そこが、あなたの生きる場所です。

今、この瞬間から、動き出してください。

おわりに

本書を最後まで読んでいただき、ありがとうございます。

「現状維持でいい」

１９９０年代のバブル崩壊以降、日本経済は20年以上にわたって停滞を続けていますから、「上を目指しても意味がない」「身の丈にあった生活でいい」という人が増えている現状は、しかたないと言えます。

しかし、「現状維持」ということは、簡単に言うと、「その場に留まっている」ということです。

世の中が絶えず進化する中で、自分だけがその場に留まっていられるということが、はたしてありうるのでしょうか。

自分では現状を維持しているつもりでも、世の中が常に進化している以上、昨日と同じことをして、その場に留まっていれば、それは現状維持ではなく、紛れもない「後退」です。

だからこそ、もし、「少しでも今日より明日を良くしたい」と思うなら、少しずつでもいいから、前に進むしかありません。

よく「人間には無限の可能性がある」と言いますが、その可能性は掴《つか》まなければ、ないのと同じです。

たしかに、人間はなろうと思えば、何にでもなれます。しかし、何かに目標を定めなければ、結局は何者にもなれません。

私自身が満足いく人生を送っているのも、歯科医という仕事に専念し、そこに邁進してきたからです。

何かの分野で突出できる人というのは、ほかの分野でも、突出できる可能性があります。

まずは、ひとつでいいから、結果を出すことが大切なのではないでしょうか。

人生の時間は有限です。

短い人生の中で、「永遠に発動させることのない自分の可能性」に酔いしれている時間はないはずです。

潜在意識を使いこなす人は、「現状維持はありえない」ということを、よく知っています。

一方、潜在意識をムダにする人は、現状を維持しようとします。

結果、自分でも気づかないうちに、後退してしまっているのです。

潜在意識を使いこなしたいのであれば、昨日と同じことをやっていてはいけません。「昨日より今日」「今日より明日」といった形で、新しいことをどんどん取り入れていき、日々、少しずつでも前に進むことが大切なのです。

私と一緒に「ミッション」と「潜在意識」を活用しながら、あなたの理想の人生を実現させるため、ともに頑張っていきましょう。

本書を読んで、潜在意識について学んだあなたに一言。

「あなたに悪いことが起こるはずがありません」
安心して、自分の信じた道を突き進んでください。

著者

【著者プロフィール】

井上　裕之（いのうえ・ひろゆき）

歯学博士、経営学博士、コーチ、セラピスト、経営コンサルタント、医療法人社団いのうえ歯科医院 理事長。

島根大学医学部臨床教授、東京歯科大学非常勤講師、北海道医療大学非常勤講師、ブカレスト大学医学部客員講師、インディアナ大学歯学部客員講師、ニューヨーク大学歯学部インプラントプログラムリーダー、ICOI 国際インプラント学会指導医、日本コンサルタント協会認定パートナーコンサルタント。

1963 年、北海道生まれ、東京歯科大学大学院修了。歯科医師として世界レベルの治療を提供するために、ニューヨーク大学をはじめ、ペンシルバニア大学、イエテボリ大学など海外で世界レベルの技術を取得。6 万人以上のカウンセリング経験を生かした、患者との細やかな対話を重視する治療方針も国内外で広く支持されている。

また、本業の傍ら、世界中のさまざまな自己啓発、経営プログラム、能力開発などを学び続け、世界初のジョセフ・マーフィー・トラスト公認グランドマスターなどを獲得。「価値ある生き方」を伝える講演家としても全国を飛び回り、講演会は常に満員。1000 名規模の講演会も数々成功させる。

著書累計は 110 万部を突破。著書に、ベストセラー『なぜかすべてうまくいく 1%の人だけが実行している 45 の習慣』（PHP 研究所）、『「学び」を「お金」に変える技術』（かんき出版）、『がんばり屋さんのための、心の整理術』（サンクチュアリ出版）、『努力の選び方』（フォレスト出版）など多数。

井上裕之公式サイト　http://inouehiroyuki.com/
井上裕之フェイスブック　https://www.facebook.com/Dr.inoue
いのうえ歯科医院公式ホームページ　http://www.inoue-dental.jp/

潜在意識を使いこなす人 ムダにする人

2016年6月20日　初版発行
2016年7月15日　3刷発行

著　者　井上　裕之
発行者　太田　宏
発行所　フォレスト出版株式会社
〒162-0824　東京都新宿区揚場町2-18　白宝ビル5F
電話　03-5229-5750（営業）
03-5229-5757（編集）
URL　http://www.forestpub.co.jp

印刷・製本　日経印刷株式会社

ISBN 978-4-89451-715-8　Printed in Japan